MORRER NÃO SE IMPROVISA

BEL CESAR

MORRER NÃO SE IMPROVISA

Relatos que ajudam a compreender as necessidades emocionais e espirituais daqueles que enfrentam a morte

© Isabel Villares Lenz Cesar, 2001
1ª Edição, Editora Gaia, São Paulo 2001
2ª Reimpressão, 2021

Jefferson L. Alves – diretor editorial
Richard A. Alves – diretor de marketing
Flávio Samuel – gerente de produção
Rosalina Siqueira – assistente editorial
Suely Scartezini – capa
Bel Cesar – foto de capa
Liane Camargo de Almeida Alves – edição de texto
Liege M. S. Marucci – revisão
Antonio Silvio Lopes – editoração eletrônica

Foto de capa
Stupa da Vitória no Monastério de Gangchen no Tibete
Uma Stupa é a representação mais antiga da mente iluminada.
Suas formas remetem ao processo de dissolução e criação dos
fenômenos no universo, tal como ocorre na morte e no renascimento.

Obra atualizada conforme o
NOVO ACORDO ORTOGRÁFICO DA LÍNGUA PORTUGUESA

Na Editora Gaia, publicamos livros que refletem
nossas ideias e valores: Desenvolvimento humano /
Educação e Meio Ambiente / Esporte / Aventura /
Fotografia / Gastronomia / Saúde / Alimentação e
Literatura infantil.

Dados Internacionais de Catalogação na Publicação (CIP)
(Câmara Brasileira do Livro, SP, Brasil)

Cesar, Bel
 Morrer não se improvisa : relatos que ajudam a compreender as necessidades emocionais e espirituais daqueles que enfrentam a morte / Bel Cesar. – São Paulo : Gaia, 2001.

 ISBN 978-85-85351-93-9

 1. Budismo - Tibete 2. Doentes em fase terminal – Cuidados 3. Doentes em fase terminal – Estudos de casos 4. Morte – Aspectos psicológicos 5. Morte – Aspectos religiosos I. Título.

01-3899   CDD–362.175

Índices para catálogo sistemático:

1. Morte : Pacientes terminais : Apoio emocional : Bem-estar social 362.175
2. Morte : Pacientes terminais : Apoio espiritual : Bem-estar social 362.175

Direitos Reservados

Editora Gaia Ltda.
Rua Pirapitingui, 111-A — Liberdade
CEP 01508-020 — São Paulo — SP
Tel.: (11) 3277-7999
e-mail: gaia@editoragaia.com.br

Colabore com a produção científica e cultural.
Proibida a reprodução total ou parcial desta obra
sem a autorização do editor.

Nº de Catálogo: **2282**

"Cuidar de nossa grande travessia é internalizar uma compreensão esperançosa da morte."

Leonardo Boff

Dedico a energia positiva acumulada por meio deste livro para a longa vida do meu mestre Lama Gangchen Rinpoche, de meu filho Lama Michel Rinpoche e de todos aqueles que nos ajudam a despertar uma visão positiva sobre o processo da vida e da morte.

Dedico essa energia, também, à concretização do Projeto Vida de Clara Luz. Que a sua motivação em beneficiar as pessoas até o momento de sua morte mantenha-se pura e compassiva.

Agradecimentos

Agradeço ao Lama Gangchen Rinpoche por suas bênçãos de corpo, palavra e mente e por ter me inspirado a escrever este livro, e a Jefferson Alves e Richard Alves por terem realizado o sonho de publicá-lo.

Agradeço a todos os pacientes, seus familiares e equipe médica com quem compartilhei confiança e abertura, sem os quais esse trabalho seria impossível.

Aos colaboradores Lama Segyu Choepel Rinpoche, Alessandra Kennedy, Mary Luckin, Roger Cole, Clarice Pierre, Annelise Schinzinger, Dra. Marlene Nobre, Padre Léo Pessini, Claudine Käthe Camas, Liane Camargo de Almeida Alves, Suely Scartezini, Dr. Luiz Fernando Barros de Carvalho, Izabel Telles, Maria Helena Franco Bromberg, Dr. Jacques Tabacof, Rebecca Dixon e Paula Herman.

Agradeço a todos aqueles que leram e comentaram os primeiros textos manuscritos, me encorajando a continuar em frente, em especial ao Professor de Cabala, Dreyfus Adoni; a Roberto Crema, Vice-reitor do Colégio Internacional dos Terapeutas; a Bloynan, Fundador da The Near Death & Other World Association; à terapeuta artística Camila Vidigal Macedo Vieira; à reikiana Maria Cristina Zacharias; à psicóloga Eliete Marreiros e à revisora Adriana Toledo. Gostaria de agradecer também à psicóloga Doucy Douek e Prof. Ana Corrêa, que me ajudaram a formular as primeiras ideias de como organizar a elaboração desse livro.

Agradeço a Kevin Mathewson pela dedicação sincera e generosa em ter traduzido os "12 casos" para o inglês. Sem esta versão eu não teria podido contatar vários profissionais que participam deste livro.

Agradeço a dedicação de Liane Camargo de Almeida Alves, que fez a edição de texto deste livro. Juntas compartilhamos as emoções de cada palavra, com o desejo sincero de que elas pudessem beneficiar um maior número de pessoas.

Agradeço ao Centro de Dharma da Paz ShiDe Choe Tsog pelo sustento e abertura na divulgação de meu trabalho.

Agradeço ao meu pai Paulo Costa Lenz Cesar e ao meu avô Luiz Dummot Villares pelo exemplo de perseverança e visão de futuro que nos deixaram e que hoje me permitem realizar o Projeto Vida de Clara Luz. Agradeço a minha mãe Elisa Villares Lenz Cesar por seu exemplo de amor incondicional.

Agradeço ao meu filho Lama Michel Rinpoche pela paz que me inspira quando penso nele e ao meu marido Stefano e a minha filha Fernanda por estarem ao meu lado, me apoiando com amor e aceitação.

Certa vez ouvi uma coisa,
mas não quis acreditar.
Tudo acaba, tudo morre,
e para sempre vai mudar.

Disso precisamos
sempre nos lembrar.
Pois a mente é estranha,
e sofre ao acabar.

Devemos sempre
nos lembrar,
que a única permanência,
é que tudo vai mudar.

19-5-97

Lama Michel Rinpoche, com 15 anos
Índia, no Monastério de Sera-Me
(Universidade do Budismo Tibetano)

SUMÁRIO

Prefácio 15
Sobre Lama Gangchen Rinpoche 19
Introdução 21

O Apoio Espiritual no Momento da Morte ... 33
Comentário: Lama Segyu Choepel Rinpoche 40

Imagens que Ajudam a Superar o
Medo da Morte 45
Comentários: Alexandra Kennedy e Mary Luckin 48

O Que Dizer para Aqueles que
Estão Morrendo? 55
Comentário: Dr. Roger Cole 60

Como Compartilhar o Sofrimento Daqueles
que Enfrentam o Processo de Morrer 67
Comentário: Clarice Pierre 73

A Prática Espiritual de Dar e Receber 79
Comentário: Annelise Schinzinger 82

Quando a Morte É Vista
com Naturalidade 89
Comentário: Dra. Marlene Nobre 91

Morrer com Dignidade 101
Comentário: Padre Léo Pessini 103

O Encontro com o Sagrado no
Momento da Morte 109
Comentários: Liane Camargo de Almeida Alves e
Claudine Käthe Camas 115

Quando se Está Pronto para Morrer 127
Comentários: Dr. Luiz Fernando de Barros
Carvalho e Suely Scartezini 133

Imagens que Ajudam a Aceitação
da Morte 143
Comentário: Izabel Telles 147

Como Ir Além do Medo e da Esperança 157
Comentários: Dr. Jacques Tabacof e
Maria Helena Franco Bromberg 165

Ajuda Incondicional 177
Comentário: Rebecca Dixon 181

A Autocura 187
Paula Herman
Sobre a Autora 203

Prefácio

Dar apoio às pessoas no momento da morte é um dos maiores presentes que nós podemos oferecer a alguém. Por isso estou muito feliz por minha querida amiga Bel Cesar ter escrito um livro que descreve seu trabalho com aqueles que enfrentam o final da vida. No budismo tibetano, nós enfatizamos a importância de começar e finalizar bem tudo o que fazemos. Morrer com a mente clara e em paz é a melhor maneira de concluirmos a nossa vida.

A morte é vista de muitas formas por diferentes tradições espirituais. Acredito que a maior contribuição que os lamas do Himalaia podem dar para o Ocidente seja compartilhar seus conhecimentos sobre o processo que se dá no momento da morte e os estágios que se seguem depois dela. Estou muito contente por Bel difundir técnicas secretas do budismo tibetano, como o método Ngel So de Autocura Tântrica, e assim ajudar as pessoas a enfrentar o momento mais difícil de suas vidas.

Essas técnicas foram criadas por Buddha há 2.500 anos na antiga Índia. Eu as adaptei para melhor se adequarem à mente ocidental de nossos dias. Elas podem ser aplicadas para pessoas de qualquer religião ou cultura porque estão baseadas na universalidade da experiência humana.

Para os praticantes do budismo tibetano, a morte é a maior oportunidade da vida. Nesse momento podemos voltar para casa – para nossa verdadeira natureza interna, a clara luz, o nível mais fundamental da consciência humana que sobrevive à morte. Portanto, é possível encontrar na morte o estado de paz e plenitude que buscamos durante toda a vida. Por isso não é preciso temer a morte, e sim vivenciá-la com coragem.

O último estado mental que ocorre ao morrer determina a qualidade da continuidade de nossa mente após a morte. Bel em seus relatos revela como ajudar uma pessoa a atingir um estado mental positivo no momento da morte. Ela compartilha esses conhecimentos práticos de uma forma simples e natural.

Todos os profissionais que contribuíram com seus depoimentos para esse livro demonstram como ajudar aqueles que enfrentam a morte pode-se tornar um meio poderoso para o desenvolvimento da generosidade e da compaixão. Ao contrário da ideia de que não há nada a fazer quando alguém está morrendo, eles inspiram várias maneiras de se dar apoio e conforto nesse momento.

Desejo que o livro *Morrer não se improvisa* seja a semente da realização do Projeto Vida de Clara Luz, em Itapevi, São Paulo, voltado ao atendimento das várias questões que envolvem os diversos estágios da vida: nascimento, velhice, doença e morte. Que Bel e todos aqueles envolvidos nesse projeto possam realizá-lo com sucesso e divulgá-lo como um modelo de trabalho por todo Brasil.

Lama Gangchen Rinpoche
Milão, Itália.
21 de junho de 2001, solstício de inverno.

SOBRE
LAMA GANGCHEN RINPOCHE

Lama Gangchen Rinpoche nasceu no Tibete em 1941. É o detentor de uma linhagem ininterrupta de Lamas Curadores e Mestres Tântricos. Aos cinco anos, foi entronizado como abade do Monastério de Gangchen Choepling e reconhecido como a reencarnação de um importante mestre de cura. Estudou medicina, astrologia, meditação e filosofia budistas em duas das maiores universidades monásticas do Tibete. Em 1963, após a ocupação do país pela China, Lama Gangchen exilou-se na Índia, onde continuou seus estudos na Universidade de Varanasi. Desde 1981, vive no Ocidente, com residência na Itália.

Introdução

Em julho de 1999, meu mestre, Lama Gangchen Rinpoche, me perguntou, num tom de voz inquisitivo: "Onde está seu livro sobre sua experiência com pacientes que enfrentam a morte?" Fiquei sem resposta. Sabia que esse conhecimento estava dentro de mim. Mas revelar a intimidade das sessões terapêuticas era um desafio novo que me fazia sentir vulnerável e exposta.

Em seguida, Lama Gangchen Rinpoche me disse: "Eu vou morrer e sei que meu trabalho vai continuar. E você, depois que morrer, quem vai dar continuidade ao seu trabalho?". Outra vez fiquei sem resposta. Mas compreendi que compartilhar minha experiência de trabalho era mais relevante do que ficar aprisionada na resistência em expor meu trabalho ou a história dos pacientes.

Após essa conversa com Lama Gangchen Rinpoche, que não durou mais de vinte minutos, percebi que uma nova coragem havia sido despertada em mim. Naquele momento havia acolhido minha vulnerabilidade e não precisava mais evitá-la. Assim nasceu uma nova força para ultrapassar os limites impostos por mim mesma.

Com esse novo ânimo, escrevi o relatório de doze casos atendidos desde 1991. Alterei o nome dos pacientes e pedi permissão às suas famílias para publicá-lo. Fiz inúmeras cópias e o distribuí entre amigos e profissionais da área de saúde. Muitos se surpreenderam com o fato de que meus pacientes não eram budistas e que eu me adaptava às diferentes convicções religiosas de cada pessoa. Isso é possível porque o budismo está baseado num sistema de sabedoria universal. Ele responde às necessidades essenciais de uma pessoa: encontrar um sentido tanto para a vida como para a morte e cultivar uma visão de paz que transcenda o materialismo imediatista.

Percebi também que este livro poderia dar a oportunidade a outros profissionais de compartilhar sua experiência com pacientes que enfrentam a morte. Além de ampliar e enriquecer o conteúdo deste livro, essa era uma excelente maneira de começar a falar sobre o atendimento *hospice,* ainda pouco conhecido no Brasil. Esse atendimento oferece uma abordagem multidisciplinar que atende as necessidades físicas, emocionais, espirituais e sociais dos pacientes em fase final de vida e suas famílias. O movimento *hospice* começou em Londres, Inglaterra, em 1967, no St. Christopher's Hospice, com a doutora Cicelly Saunders. Hoje, existem mais de dois mil *hospices,* apenas nos Estados Unidos.

Com a intenção de trabalhar com esse sistema de atendimento em São Paulo, em 1999, convidei o médico antroposófico Dr. Luiz Fernando de Barros Carvalho para ser o meu parceiro nesse projeto. Em março de 2000, visitamos juntos vários *hospices* nos Estados Unidos. Tive também a oportunidade de conhecer o *Pembridge Palliative Care Center* (Centro de Cuidados Paliativos de Pembridge), associado ao hospital St. Charles, em Londres.

Em janeiro de 2001, Lama Gangchen Rinpoche deu o nome de "Vida de Clara Luz" ao nosso projeto, que irá oferecer cuidados qualificados para os vários estágios da vida: o nascimento, o envelhecimento, a doença e a morte.

Durante dois anos, me dediquei a encontrar profissionais brasileiros e estrangeiros interessados em compartilhar suas experiências neste livro. Eles escolheram um dos doze casos como inspiração para relatarem suas próprias experiências. Encontros, cartas e e-mails possibilitaram que Lama Segyu Choepel Rinpoche, Alexandra Kennedy, Mary Luckin, Roger Cole, Clarice Pierre, Annelise Schinzinger, Dra. Marlene Nobre, Padre Léo Pessini, Claudine Käthe Camas, Liane Camargo de Almeida Alves, Suely Scartezini, Dr. Luiz Fernando Barros de Carvalho, Izabel Telles, Maria Helena Franco Bromberg, Dr. Jacques Tabacof, Rebecca Dixon e Paula Herman participassem com seus comentários. Seus textos ajudaram a cumprir a meta deste livro: revelar diferentes abordagens no cuidado e acompanhamento daqueles que enfrentam a morte e assim ensinar que muito pode ser feito nesse momento tão especial.

Podemos nos preparar para lidar com a morte de uma maneira mais serena. Um grande amigo me contou que sua mãe viveu seus últimos meses com muita tranquilidade, apesar do grande sofrimento físico. Um dia ele perguntou como ela conseguia manter-se tão calma. Apesar de quase não ter mais forças para falar, ela respondeu: "Morrer não se improvisa". A sabedoria dessa frase me inspirou a dar o título deste livro.

A busca de uma visão pacífica da morte

O budismo nos incentiva a superar qualquer preconceito de pensar ou falar sobre a morte. Mas enquanto não tivermos alguma experiência direta com a morte, nossa ideia a respeito será apenas intelectual, limitada pela nossa própria falta de experiência.

Podemos conhecer a morte de um ponto de vista cultural, religioso, científico ou histórico. Mas continuamos sem saber o que mais nos toca: quando e como nossa morte ocorrerá. Quando esse momento se aproxima é que nos damos conta de que deveríamos saber muito mais sobre ela. Ao sermos tocados pela ideia de nossa própria morte como uma realidade certa, podemos suavizar esse impacto preparando-nos desde já para esse momento.

A morte é um conceito que adquirimos de acordo com a nossa personalidade, ambiente social, cultural e religioso e educação familiar. Nossa visão de morte está contaminada. Então, temos de revê-la. Se nos concentrarmos nela, poderemos perceber que muitas de nossas ideias arquivadas são contraditórias.

Se fecharmos os olhos e repetirmos a palavra "morte" inúmeras vezes iremos constatar que, cada vez que dissermos essa palavra, surgirão pensamentos, imagens e sentimentos diferentes. Na maioria das vezes, eles são antagônicos. Se continuarmos essa experiência de mergulhar até onde leva a palavra "morte", notaremos que algo em nosso interior muda, positivamente. A experiência direta é um antídoto potente para superar nossas resistências. Podemos trabalhar com os nossos preconceitos, não estamos destinados a ficar presos a eles.

O budismo explica a morte como a separação da mente e do corpo, depois que o corpo se desintegra e a consciência continua para outra vida. A morte não é, portanto, uma cessação, mas sim uma transição, uma transformação. Muitas vezes preferimos dizer "o momento de sua passagem", em vez de falar "o momento de sua morte". Acredito que essa delicadeza com a palavra "morte" seja um mecanismo de defesa. É uma forma de não lidarmos com o peso da ideia de morte que trazemos em nós. Mas o termo "passagem" é muito adequado a essa ideia de transição.

A certeza de uma continuidade após a morte nos ajuda a lidar com o niilismo de nossa cultura materialista, em que o abstrato e o invisível não é reconhecido como verdadeiro e possível. No entanto, não devemos cair no extremo de querer deixar a morte "leve" demais, buscando uma visão poética na qual também estaremos escondendo nosso medo de encará-la.

Em minha experiência clínica, observei que a forma como uma pessoa vivencia a perda de um dos pais, ou de alguém significativo, tem uma influência enorme na maneira como ela dá continuidade à sua vida depois de ter enfrentado a morte de alguém. Na maioria das vezes, se ela testemunhou uma morte tranquila, sua vida passa a tomar um rumo significativamente positivo: consegue se definir melhor profissionalmente, afetivamente e espiritualmente.

Testemunhei pacientes que só encontraram um propósito claro de vida depois de terem vivenciado a morte de seus pais de maneira positiva: se casaram, tiveram filhos, buscaram uma profissão mais próxima de sua natureza. Mesmo aqueles que viram os pais morrerem com muito sofrimento, mas que puderam dar um significado positivo a essa experiência, foram depois capazes de dar origem a uma nova força, que geralmente ajuda a transformar sua vida.

No entanto, a maioria de nós traz consigo o testemunho de uma morte intranquila. Essa situação costuma gerar, para aqueles que ficam, inúmeras tarefas inacabadas: o que deixaram de ouvir e de dizer à pessoa que se foi, projetos suspensos frustrados, o apoio que não foram capazes de dar, a experiência de impotência frente ao sofrimento. A solidão de quem está morrendo e a inabilidade daqueles que estão à sua volta em ajudar os que enfrentam a morte evidenciam falhas profundas no nosso sistema médico-hospitalar, cuja visão de nossas necessidades humanas precisa ser urgentemente revista.

A vida pode parar e perder o sentido para aqueles que não elaboraram a dor vivida ao assistir uma morte. A ausência de rituais de passagem em nossa cultura ocidental aumenta a alienação daqueles que sofrem, tanto aqueles que enfrentam a morte quanto os que estão ao lado deles. Esses rituais ajudam aqueles que estão morrendo a compreender que estão frente a uma "nova oportunidade", e auxilia aqueles que ficam a olhar para a vida de um novo modo, sem a presença daqueles que se foram.

Ao dissimular a morte, deixamos de elaborar a realidade de nossa mortalidade. A morte nos aterroriza. Como consequência, nos tornamos cada vez mais violentos e autodestrutivos. Se nossa sociedade integrasse a morte como uma realidade possível de ser vivida como uma experiência positiva, haveria menos revolta frente a ela.

Só quando nos abrimos para uma ideia pacífica da morte, nossos sentimentos reprimidos são liberados. Graças a uma nova postura de aceitação e acolhimento, poderemos superar os tabus que nos impedem de vivenciar pacificamente situações que envolvem a morte.

Um exercício de autoconhecimento: relembrar nossas primeiras ideias sobre a morte

Quando eu era criança, eu pensava muito sobre a morte. Muitas vezes eu perguntava como seria a morte de cada pessoa da minha família. Como tenho seis irmãos, questionava: "Quem será que vai morrer primeiro e quem será que vai ficar por último?"

Lembro-me de imaginar que depois da morte haveria um grande buraco negro, no qual ficaríamos até, quem sabe, nascer de novo. Não me recordo de ter aprendido isso com ninguém. Tive uma educação presbiteriana, que não aceita a ideia da reencarnação, mas que, ao contrário, prega a ideia da predestinação e dos escolhidos. Lembro-me ainda que costumava pensar: "Se tudo já está programado, então, quando morrermos, deve haver um lugar certo para onde ir. Se não, não estaria tudo programado..."

Esse era um assunto que eu gostava de conversar com minha avó paterna. Ela me contava como seria o final do mundo. Recordo-me de ouvi-la contar que todos nós morreríamos no mesmo instante. Passaríamos através das paredes para uma outra dimensão, onde estaríamos sentados no braço direito de Jesus Cristo.

Eu nem tinha ideia do que isso poderia significar, mas gostava da ideia de que Cristo estaria cuidando de nós. Até o juízo final... Depois as coisas ficavam mais complicadas. Será que Deus iria me considerar uma boa menina? Será que eu seria um dos escolhidos? E como ficariam os não escolhidos? Aí começava o medo. O medo do desconhecido, daquilo que não se fala, mas se ameaça: o castigo depois da morte.

Por volta dos seis anos de idade, percebi que a morte envolvia proibições e diferentes condutas religiosas. Eu e minhas primas, escondidas numa mata em Campos do Jordão, enterramos um passarinho. Cada uma fazia a oração que havia aprendido com a sua família. Lembro-me de pensar que o passarinho poderia até ficar contente, mas que as nossas famílias, talvez nem tanto. Pressentia que elas não gostariam de saber que havíamos misturado rezas de diferentes religiões. Afinal, se isso fosse correto, por que estávamos escondidas?

Meus pais eram bastante religiosos, mas não costumavam falar sobre a morte. Então, aos poucos, percebi que esse era um assunto do qual ninguém gostava muito de falar... Apesar disso, lembro-me de que quando eu tinha uns dez anos, meu pai um dia cantou em voz alta: "Quando eu morrer não quero choro nem vela, só quero uma fita amarela gravada com o nome dela..." Pensei que seria o nome da minha mãe. Ele parecia se divertir ao cantar, mas eu não achei graça nenhuma em saber que ele já pensava na sua morte. Ele foi o primeiro da família a morrer. Eu tinha 20 anos e estava ao seu lado.

Recuperar as memórias de infância sobre a morte nos ajuda a compreender a base em que está alicerçada nossa estrutura emocional frente a mudanças e perdas.

Dedicar-se a recordá-las é, portanto, de grande importância para o processo de autoconhecimento.

Hoje aprendi a falar sobre a morte. Encontrei no budismo tibetano explicações para algumas de minhas fantasias de infância, como a ideia de uma grande escuridão durante a morte. Mas o budismo não para aí, pois revela que, dessa mesma escuridão, surge uma radiante luz clara, que é a manifestação de nossa mente em seu estado puro. Esta sim é a verdadeira luz no fundo do túnel. Ao considerar isso, senti surgir em mim uma nova abertura para pensar sobre a morte como uma experiência que pode ser positiva, e não punitiva.

O impacto da imagem que temos sobre a nossa própria morte na vida que levamos

É costume ouvir falar que morremos da mesma maneira como vivemos. O contrário também é verdadeiro: vivemos conforme a ideia que temos da morte. Se jamais pensamos sobre o que pode nos acontecer depois da morte, vivemos apenas em função desta vida. Nossos valores se tornam imediatos e relativos apenas às situações a curto prazo. A chamada "crise existencial" é resultado dessa ausência de perspectiva de continuidade. No entanto, se consideramos que nossa mente continua após a morte física, temos uma atitude de maior compromisso com essa continuidade.

No budismo tibetano, considera-se que uma pessoa só leva uma vida espiritual se viver não apenas para esta vida, mas para as próximas. A primeira vez que escutei isso fiquei chocada. De algum modo, parecia que assim não teríamos de nos ligar à vida presente. Depois compreendi que o objetivo era exatamente o contrário: ligar-se cada vez mais a esta vida para nos tornarmos mais "leves" para as próximas. Isto é, com menos hábitos mentais baseados no apego, na raiva, na ignorância, na avidez e nos ciúmes. Esses são os padrões mentais que nos mantêm presos ao ciclo de morte e renascimento.

Viver em função da continuidade nos torna mais responsáveis pelas consequências de nossos atos. Acreditar ou não em reencarnação é o resultado de uma experiência pessoal. Mas dar um valor à continuidade é uma virtude que independe de crenças.

Tornar-se um ser humano melhor e contribuir para criar uma sociedade humana menos violenta e mais próspera é um valor presente naqueles que cultivam a continuidade dos seus atos. Essas pessoas se importam com aqueles que ficam após a sua morte. Procuram deixar sua contribuição para o mundo, seja por meio de suas ideias ou de doações financeiras.

Ajudar os outros no momento da morte

Uma vez estava muito aborrecida com algo que tinha ocorrido e não sabia ainda o que fazer e como me posicionar. Sem saber por quê, abri a porta da geladeira como quem busca uma solução. Naquele momento surgiu em minha mente a seguinte pergunta: "Por que estou me desgastando com isso? Isso não tem importância. O que realmente importa é cuidar de meu medo da morte". Esse pensamento atenuou a minha irritação e redimensionou meu problema. Apesar de ainda não ter uma solução, já não tinha, pelo menos, a mesma pressão tão desagradável sobre mim.

A morte nos faz pensar na vida. Se dermos um significado à nossa morte, encontraremos um nova perspectiva para nossa existência. Aprendi isso em 1988, a partir de uma intensa experiência pessoal que me levou a refletir profundamente sobre minha mortalidade. Já havia encontrado meu mestre budista Lama Gangchen Rinpoche há um ano. E naquele momento, ao experimentar uma profunda solidão, tomei uma decisão que deu um novo rumo à minha vida: superar a resistência de lidar com a minha própria mortalidade e ajudar os outros a se sentirem menos solitários frente à morte.

Em julho de 1991, três anos após aquele período de crise e já formada em Psicologia, participei de uma grande cerimônia budista na Califórnia, onde conheci o mestre budista tibetano Lama Zopa. Apesar de ele não saber sobre minhas intenções secretas de trabalhar com pacientes que enfrentam a morte, quando nos despedimos ele me ofereceu duas pílulas abençoadas, com as seguintes instruções: "Quando você estiver ao lado de alguém que acabou de morrer, coloque essas pílulas dissolvidas num creme no topo da cabeça dessa pessoa e dê três puxões de cabelo. Assim, ela terá um bom renascimento".

Fiquei muda. Naquele instante surgiram muitas perguntas em minha mente. Como naquela época eu nem tinha ideia do que ocorreria no momento da morte sob a perspectiva budista, entendi apenas que esse procedimento talvez levasse a mente da pessoa a deixar o corpo de maneira mais auspiciosa. Voltei para o Brasil e contei aos meus amigos sobre essas pílulas. Poucas semanas depois, o pai de uma amiga faleceu, e ela, lembrando do que eu havia lhe contado, me chamou para colocar as pílulas sobre a cabeça de seu pai.

Ao colocá-las, recitei alguns mantras. Senti como era importante estar fazendo aquilo e o quanto a família ficou agradecida. No ano seguinte, comecei a acompanhar pacientes que enfrentavam sua fase final de vida. Mas hoje reconheço que esse meu trabalho começou com a crise de solidão e essas duas pequenas pílulas.

Além do impacto da ideia que projetamos de nossa morte tem sobre nós mesmos, também o impacto de mortes que testemunhamos tem um grande efeito sobre nossa vida. Foi o fato de testemunhar uma morte que levou o Príncipe Siddharta, o Buddha histórico, a abandonar o palácio no qual vivia, para dedicar-se à meditação em busca de uma solução efetiva para a cessação do sofrimento humano.

O mesmo acontece com aqueles que testemunharam o processo de uma morte e que se deixaram tocar pelos poderosos efeitos dessa experiência sobre sua visão de mundo. Assistir alguém morrendo nos torna conscientes de nossos limites humanos e nos leva a ser mais realistas e menos pretensiosos quanto às nossas possibilidades. Mesmo assim, não podemos nos esquecer de que mesmo encarando a morte de maneira positiva, ela continua feia e dura de se olhar.

Diz Lama Gangchen Rinpoche: "Se você estiver numa situação negativa no momento de sua morte, deve recordar-se que a negatividade não traz nada. Por isso, volte a atenção para sua concentração interna e para sua autoconfiança". Acredito que essa seja uma tarefa para uma vida inteira.

Bel Cesar
São Paulo, 2 de julho de 2001

O Apoio Espiritual no Momento da Morte

CASO MARCELO

Em outubro de 1991, um grande amigo, o mestre espiritual budista Lama Segyu Rinpoche, me disse: "Você está cheia de medinhos. Acho que eles são todos um só grande medo: o medo de morrer. Por que você não começa a lidar com esse grande medo diretamente, trabalhando com pacientes que estão na sua fase final de vida? Aliás, a sua energia é muito boa para ajudar as pessoas nesse momento".

Como internamente já havia me decidido a ajudar as pessoas no momento da morte, essas palavras despertaram o desejo de concretizar minha intenção, que era secreta até aquele momento.

Quinze dias depois, um amigo me contou que seu irmão estava com aids já havia oito anos. Ele me perguntou se eu poderia ajudar seu irmão, que enfrentava dias difíceis por causa do agravamento do seu estado de saúde. Marcelo, de 28 anos de idade, foi meu primeiro paciente.

Quando fui visitá-lo em sua casa pela primeira vez, ele já estava muito fraco. Eu lhe disse que era psicóloga e que seu irmão havia me chamado. Eu também falei a ele que, apesar de estarmos em situações muito diferentes naquele momento, tínhamos algo em comum: eu também tinha medo de morrer.

O fato de eu não estar doente poderia parecer uma vantagem, mas Marcelo também tinha um benefício: como não tinha mais como evitar esse medo, poderia dedicar-se a resolvê-lo, enquanto eu procurava negá-lo com frequência.

Contei então a Marcelo que eu conhecia um método para ajudá-lo a superar o medo de morrer e que poderíamos trilhar juntos esse caminho. Ele pediu para segurar minha mão e, depois de me olhar profundamente nos olhos por algum tempo, disse que sim, que gostaria de tentar o que estava lhe propondo.

Durante oito meses, acompanhei suas internações em diversos hospitais. Como geralmente o atendimento público no Brasil é muito precário, compartilhamos cenas, juntamente com outros pacientes, de muito sofrimento e dor. Como não podíamos negar esse sofrimento, aprendemos a encará-lo a cada momento. A dois, ele se tornava mais fácil.

Passávamos horas conversando sobre a natureza do sofrimento, como ele se forma e como podemos transformá-lo. Falávamos sobre sua vida, sobre minha vida, nossos medos e esperanças. Eram encontros sempre diretos e sinceros. Muitas vezes também, simplesmente não conversávamos. Eu apenas ficava ali, ao seu lado. Recitava mantras, enquanto segurava sua mão ou dirigia visualizações inspiradas na tradição budista, com um fundo musical. Sugeria que ele visualizasse uma luz branca no topo de sua cabeça, descendo e preenchendo todo seu corpo de luz. Essa luz eliminava todas as negatividades, que saíam então pela sola dos pés na forma de uma fumaça negra. Ao final, seu corpo ficava totalmente preenchido por essa luminosidade.

Marcelo tinha um jeito divertido. Às vezes, até em momentos de dor física conseguíamos rir com seus comentários. O contato com seus familiares também era muito caloroso; nossa confiança mútua tornou-se preciosa e de grande conforto e ajuda.

Às vezes eu gravava textos sobre os assuntos que estávamos conversando, para que ele pudesse escutá-los na minha ausência. Eu o visitava uma ou duas vezes por semana. Os encontros tornavam-se mais frequentes conforme seu estado físico e emocional.

Duas semanas antes de falecer, ele me disse: "Quando tenho dor, tenho algo contra o que lutar. Mas quando a dor passa, sinto um grande vazio, pois não tenho nada para fazer ou pensar a não ser esperar a morte. Eu não quero morrer".

Senti sua dor entrar profundamente em meu coração e, então, respondi: "Neste momento você tem a oportunidade mais preciosa de sua vida! Você pode fazer o que sempre quis: perdoar a si mesmo e aos outros de suas culpas e ressentimentos. Aproveite cada momento de sua lucidez para fazer isso".

Ensinei-lhe, então, uma meditação específica para o perdão, que pode ser praticada em qualquer momento da vida, especialmente quando precisamos nos liberar de ressentimentos: "Visualize uma luz branca no topo de sua cabeça. Essa luz vem de algo totalmente puro (para ele, vinha de uma cascata). Ela entra pelo topo de sua cabeça e penetra em cada célula de seu corpo, purificando todas as negatividades, que saem por cada poro de sua pele e se dissolvem no espaço. Concentre-se dessa forma até sentir que todo o seu corpo está preenchido de luz branca. De todos os seus poros sai essa luz branca, formando um grande raio brilhante à sua volta. Visualize agora a pessoa que você quer perdoar à sua frente, dentro desse raio. Sua luz branca passa a entrar no coração dela, dissolvendo suas mágoas. Suas luzes se unem como expressão de seu perdão. Ao final, pense que essa pessoa está de fato recebendo essa energia de perdão onde quer que esteja, nesse mesmo momento".

Como já vínhamos fazendo exercícios como esse, Marcelo estava familiarizado com as visualizações. Mesmo assim, deixei para ele algumas fitas com músicas para meditação, para ajudá-lo a concentrar-se e a relaxar.

Em nosso encontro seguinte, ele disse que estava fazendo as visualizações com muita frequência, e que, depois de meditar, via um pássaro branco voando em seu quarto. Ele comentou que agora entendia melhor o que era sentir tristeza com paz.

Marcelo já estava tão magro que simplesmente tocá-lo causava-lhe dor. Já não conseguia mais se alimentar e tinha dificuldade para respirar. Ele pediu que eu fosse visitá-lo com mais frequência.

Uma noite, sua mãe me telefonou pedindo que eu fosse ao hospital com urgência, pois sentia que seu filho estava pronto para partir. Junto com meu amigo, o irmão de Marcelo e a esposa, cheguei ao hospital em pouco tempo. Mas como já era tarde e estávamos fora do horário de visita, tivemos que insistir muito com o segurança do hospital para que nos deixasse entrar. Finalmente, ele nos concedeu quinze minutos.

Quando entramos no quarto, a respiração de Marcelo já estava bem irregular: a expiração era mais longa que a inspiração. Uma amiga sua segurava a máscara de oxigênio em frente à sua boca. Ele estava consciente, mas não podia mais falar. Notei que ele havia me reconhecido por seu olhar e por ter voltado sua mão em minha direção. Segurei-a e lhe disse: "Agora o seu sofrimento é só físico; sua mente já não sofre mais. Ela é aquela luz branca e pura no topo de sua cabeça. Sua mente está muito feliz, e tudo à sua volta é muito lindo". Marcelo girou os olhos para cima e fixou assim o olhar.

Comecei a recitar o mantra do Buddha da Compaixão: *Om Mani Peme Hung*. Logo, todos os presentes começaram a recitar junto comigo, muito suavemente. O ambiente foi se tornando calmo, repleto de uma energia sutil, calorosa e suave. Marcelo expirou com força três vezes seguidas e faleceu enquanto eu fazia uma longa prece: a *Homenagem às 21 Taras*. Essa prece evoca 21 aspectos do arquétipo da sabedoria feminina da mente iluminada, com o objetivo de eliminar interferências negativas. Segundo o Budismo Tântrico, após a morte física, ainda temos o que fazer: podemos ainda cuidar do corpo e da mente.

O budismo nos ensina a ver além das aparências imediatas, pois reconhece a existência dos níveis grosseiro, sutil e muito sutil do corpo, da mente e dos elementos externos e internos. Quando falamos do corpo, por exemplo, consideramos seu nível grosseiro o corpo físico, seu nível sutil, a aura, e seu nível muito sutil, o contínuo mental, isto é, a mente muito sutil que transmigra de uma vida para outra, sustentada por ventos de energia muito sutis. A natureza interna mais essencial da mente muito sutil é pura como cristal, mas nela estão registradas as marcas das intenções com que realizamos nossas ações de corpo, palavra e mente.

Segundo o budismo tântrico, a morte de fato só ocorre quando a mente muito sutil deixa o corpo, o que pode se dar minutos ou até mesmo dias após a parada cardíaca e respiratória. Cada pessoa, devido ao seu karma particular, tem seu momento específico para que a mente muito sutil, a essência de nossa força vital, deixe o corpo físico por uma das nove aberturas do corpo: o ânus, a boca, o canal da bexiga, os olhos, o umbigo, o nariz, os ouvidos, o ponto no meio das sobrancelhas e o topo da cabeça.

O topo da cabeça é a porta mais auspiciosa de saída, pois leva à entrada para um renascimento afortunado, enquanto as aberturas inferiores levam a renascimentos desafortunados. Tocar o corpo de alguém que morreu quando a mente muito sutil está percorrendo-o para deixá-lo faz com que ela saia pelo ponto em que o corpo foi tocado. Por isso, costuma-se dar um puxão de cabelo ou pressionar o topo da cabeça para atrair a mente a sair por essa porta auspiciosa.

O mantra de seis sílabas *Om Ma Ni Pe Me Hung* é considerado um outro método potente para garantir que a mente deixe o corpo pelo topo da cabeça. Cada uma das sílabas possui um forte poder energético, capaz de dirigir a mente a um estado elevado.

Coloquei um pouco de creme com pílulas sagradas preparadas por meu mestre, Lama Gangchen Rinpoche, no topo da cabeça de Marcelo. Ao mesmo tempo, puxei seus cabelos para atrair sua mente muito sutil a deixar o corpo através dessa região. Essas pílulas são feitas em Katmandu, de acordo com uma receita de séculos atrás transmitida pela linhagem de Lama Gangchen. Além de conterem ingredientes considerados sagrados, como água de lugares especiais e pó raspado de uma estátua muito antiga, elas são abençoadas pelo Lama Gangchen Rinpoche por suas orações.

Com a intenção de transmitir paz a Marcelo, permanecemos alguns minutos em silêncio, todos de mãos dadas. Em voz alta, dediquei toda a energia positiva acumulada em sua vida a todas as pessoas que necessitam de paz ao morrer. Cada um dos presentes também fez sua dedicação.

Quando ainda estávamos concentrados dessa forma, entrou o segurança do hospital para nos avisar que os "quinze minutos" já haviam passado e que precisávamos tirar o carro do estacionamento. Até hoje me pergunto como ele nos achou naquele quarto! Fiquei surpresa com a sincronicidade do tempo que levamos para realizar nossa tarefa de ajudar Marcelo a ir em paz.

No dia seguinte à morte de Marcelo, tive a rara oportunidade de encontrar Lama Zopa Rinpoche, um grande lama tibetano que estava em São Paulo para visitar nosso Centro de Dharma da Paz. Contei-lhe o que havia ocorrido e pedi que rezasse por Marcelo. Ele sorriu e me disse que isso não era mais necessário, pois a sua consciência, guiada pela luz branca, já havia sido transferida à Terra Pura, onde não existem mais sofrimentos.

Seis meses depois, a mãe de Marcelo me mostrou uma carta psicografada em uma sessão espírita, com uma mensagem de seu filho. Ele dizia que estava muito bem, em um lugar de muita paz, onde havia muitos pássaros brancos.

COMENTÁRIO

Lama Segyu Choepel Rinpoche

Diretor-fundador da Healing Buddha Foundation – Segyu Gaden Dhargye Ling (Fundação Buddha da Medicina), em Sebastopol, Califórnia, EUA. Brasileiro, é monge pleno ordenado no budismo tibetano. Em 1997, foi reconhecido como a reencarnação de um importante mestre tântrico do século XVI. Segyu Rinpoche desenvolveu um sistema de cura psicoespiritual baseado na medicina e psicologia tântrica budista. Mais informações sobre o venerável Segyu Choepel Rinpoche podem ser obtidas no site: www.healingbuddha.org

Os pequenos medos da vida escondem nosso maior medo: a morte. Gostaríamos de não ter nenhuma referência sobre ela. Falar sobre o assunto morte é um verdadeiro tabu. Até mesmo aqueles que estão envolvidos num caminho espiritual têm dificuldade de falar abertamente sobre a morte.

Temos dificuldade em lidar com a morte, porque ela revela a impermanência da vida. Sabemos que ela é certa, mas como desconhecemos quando ela ocorrerá, sentimos medo e não gostamos de falar sobre isso. Mas é justamente falando sobre a morte que iremos compreender melhor a nós mesmos.

Na filosofia budista, o conceito de impermanência é fundamental, pois é por meio da compreensão de que tudo está em constante mudança que iremos reconhecer a verdadeira natureza da realidade. Para uma pessoa que está num estado terminal, o ato de refletir sobre a impermanência torna-se fundamental para a aceitação de sua morte.

Em 1987, acompanhei uma paciente que exemplifica como o medo da morte pode ser superado por meio da compreensão da impermanência.

Conheci a Dra. Diane, uma psiquiatra, no centro de cura espiritual que mantinha em Berkeley, na Califórnia (EUA). Ela estava com câncer, internada numa clínica particular.

Quando nos encontramos pela primeira vez, constatei, ao medir o seu pulso, que os seus sinais da força da vida estavam muito fracos. Esta é uma forma de diagnóstico da medicina tibetana.

Diane foi direta. Logo me perguntou qual seria a melhor forma de morrer. Então, conversamos sobre a importância de ter paz para superar o medo de morrer. Ao final, ela me disse que quando se esgotassem todas as possibilidades de tratamento, ela gostaria de ser transferida para sua casa. Assim encontraria mais condições de estar mais calma. A família, mesmo resistindo à ideia de "não fazer mais nada clinicamente", aceitou a sua decisão.

Já em casa, durante um mês, nos encontramos regularmente. Na última semana fizemos sessões diárias de uma hora. Estive com ela até a sua última respiração. Com o objetivo de ajudá-la a reconhecer a morte como condição natural, fizemos várias meditações sobre a impermanência. Contemplamos na natureza dos ciclos de começo e fim da existência de tudo que nos circunda, assim como de todos os seres vivos. Ao final, ela compreendeu que tal como surge um novo dia depois da noite, uma nova vida irá suceder a morte. Um novo ciclo de existência.

O seu interesse em refletir sobre a impermanência aumentava a cada meditação. Até que um dia, Diane me disse que necessitava apenas desenvolver a paciência da espera, pois já havia aceitado que não havia mais nada a fazer. Mas a família se revoltou com o fato de ela aceitar a morte. Como se ela estivesse tendo uma atitude de derrota.

Diane não hesitou em deixar clara a sua determinação de morrer em paz e de se preparar para um novo "nascimento". Disse a eles: "Bom, quem é o doente? Sou eu ou são vocês? Este é o momento em que estou enfrentando a experiência mais profunda da minha vida. Por favor, pelo menos me deixem ter essa experiência em paz. Vocês não estão querendo aceitar o que eu já aceitei. Por favor, me deixem em paz".

A partir desse dia, Diane definiu quem ela gostaria que estivesse a sua volta. E dessa forma criou um grupo forte de pessoas que estavam de fato em sintonia com ela compartilhando os momentos mais especiais de sua vida. Aqueles que se indignaram com sua atitude não apareceram mais.

Diane tinha muita dificuldade de respirar e a maior parte do tempo estava inconsciente. Num momento de alívio da dor, ela recuperou sua consciência e me disse: "Puxa... é muito difícil... mas ao mesmo tempo como é gratificante... eu não sei para onde vou, mas tenho certeza de que essa experiência está me preparando".

Nas próximas 12 horas, ela perdeu a consciência, e sua respiração tornou-se cada vez mais lenta. Eu fiquei todo tempo ao seu lado. Quando eu menos esperava, ela abriu os olhos e olhou para mim. Sorriu e apertou minha mão e falou baixinho: "Muito obrigada". Pouco depois, parou totalmente de respirar.

Talvez essa tenha sido uma das experiências mais tocantes da minha vida ao lado de uma paciente. Eu fiquei profundamente comovido por ter tido esta grande oportunidade de ajudar um paciente a ter uma compreensão superior da própria vida.

De acordo com o budismo tibetano a morte não termina com a parada do batimento cardíaco. A mente estará no corpo ainda por um tempo, que pode variar de segundos até dias. Então, temos que respeitar também esse momento. Por isso, permaneci ao seu lado rezando para ela.

Diane pode nos inspirar a reconhecer o processo de morte como um caminho espiritual. Ela mostrou que é possível se preparar para morrer em paz. Este é um aprendizado que podemos praticar desde já. Assim reconheceremos que a nossa morte pode se transformar no maior ensinamento de nossa vida.

Imagens que Ajudam a Superar o Medo da Morte

CASO RODRIGO

Depois da morte de Marcelo, em maio de 1994, conheci Rodrigo. Aos 66 anos, ele estava com câncer na bexiga há dois anos, com metástase no fígado e no pulmão. Engenheiro, Rodrigo trabalhara durante toda a vida com cálculos de concreto. Como era solteiro, vivia ao lado de seus irmãos, também solteiros.

Em 1993, Rodrigo acompanhara a morte de seu irmão mais velho, também de câncer. Agora, tinha muito medo de morrer e se identificava com o despreparo de seu irmão para esses últimos momentos. Desejava manter-se isolado dos amigos, pois não gostava que os outros o vissem debilitado.

Rodrigo era tímido. Conversar sobre si mesmo com uma pessoa desconhecida era uma situação muito pouco familiar para ele. Apesar de ter ocorrido uma empatia entre nós, nos encontramos apenas duas vezes em um período de um mês e meio. Ele mostrava-se resistente à ideia de que conversas pudessem ajudá-lo a lidar com a própria morte já estando tão próximo de morrer. Cético, preferia concentrar-se apenas em seus cuidados físicos.

Quando o encontrei pela terceira vez, Rodrigo já estava hospitalizado. Muito fraco, apresentava estados de alteração de consciência – havia perdido a noção do tempo e de onde estava. Mas, ao entrar no quarto, senti que ele me reconheceu, pela maneira afetiva com que me cumprimentou. Estava agitado, sentado numa poltrona com vários tubos ligados em suas veias do braço. Tremia muito e não queria parar sentado. Dizia que precisava ir embora.

Eu perguntei: "Você está vendo pela janela todos aqueles carros parados lá no estacionamento? Eles estão parados porque agora não podem ir para lugar nenhum. Como você nesse momento com o seu corpo. Mas se você quiser, pode ir a outros lugares com sua mente. Com ela, você pode ir para onde desejar". E sugeri: "Escolha agora um lugar muito bonito, muito cheio de luz".

Também estavam no quarto a irmã de Rodrigo e uma amiga sua. Elas viram como essas palavras o acalmaram. Aos poucos, ele foi parando de tremer.

Comecei a conduzir, então, uma visualização ao descrever as montanhas de Campos do Jordão. A escolha desse lugar era proposital. Sua irmã me havia dito que lá era onde Rodrigo mais gostava de ir durante sua vida.

Depois dessa meditação, ele passou a nos olhar mais atentamente. Ficamos em silêncio por um tempo. Propus, então, que cada um de nós agradecesse esse momento que nos fazia lembrar do valor da existência. Depoimentos espontâneos surgiram. Reafirmamos, assim, nossos próprios propósitos de vida.

Em seguida, perguntei a Rodrigo se eu podia cantar um pouco. Ele concordou com a cabeça. Baixinho, como numa canção de ninar, entoei alguns mantras. Todos se aquietaram. Um pouco depois, ele pediu para se deitar. Coloquei no gravador o adágio da sonata *Patética*, de Beethoven. A extrema suavidade melódica da música preencheu o quarto. Rodrigo nos olhou e disse emocionado: *"Esse foi um momento de amor puro"*. Essas foram então suas últimas palavras. Em seguida, adormeceu. Eram seis horas da tarde. Às duas horas da manhã do dia seguinte, ele faleceu.

Sua irmã me telefonou e fui para o hospital. Em silêncio, fizemos juntas cada uma sua prece. Ficamos assim ao lado de Rodrigo por quase quarenta minutos até a chegada de outros amigos, quando me despedi.

Assistir à morte de uma pessoa não é algo simples. Ao dirigir de volta para casa de madrugada, me sentia suspensa, sem chão. A imagem de Rodrigo continuava comigo. Havia sido tocada pelo mistério da morte. Não tinha mais perguntas, nem buscava explicações.

COMENTÁRIOS

Alexandra Kennedy

Alexandra Kennedy trabalha como psicoterapeuta particular em Soquel, Califórnia. É autora dos livros E a vida continua *(Gente),* Vivos no Coração *(Pensamento) e* The Infinite Thread: Healing Relationships Beyond Loss *(Beyond Words Publishing). Alexandra é especialista no tema "luto" e realiza seminários e palestras em universidades, hospices e instituições religiosas.*

Seu website (www.alexandrakennedy.com) oferece instruções sobre como lidar com o luto, além de informações sobre seus livros e workshops.

Como muitos de nós, Rodrigo não estava preparado para morrer. Ele tinha medo do desconhecido, e durante sua vida não havia aprendido a se desligar das coisas materiais. Quando Bel o encontrou no hospital, ele estava agitado e tremendo; não conseguia ficar quieto. Ele disse a Bel que tinha que "ir embora", que precisava "voltar para casa".

Quando meu pai morreu, ele também me disse que queria "voltar para casa". Naquele momento, achei que ele estivesse se referindo à casa de meus pais, mas, mais tarde, percebi que ele estava, provavelmente, falando, de uma forma simbólica, de sua casa espiritual. Como ele, Rodrigo também tinha sentido necessidade de voltar para sua primeira casa, a fonte de onde viemos. Mas não sabia como chegar a esse lugar.

Quando Bel o encorajou a fechar os olhos e ir, em sua imaginação, para as montanhas de seu lugar preferido, ofereceu uma ponte do mundo visível para o invisível, do conhecido para o desconhecido, da vida para a morte.

Na cultura moderna do Ocidente, somos pouco encorajados a explorar o desconhecido. Como Rodrigo, somos ensinados a não dar crédito em nada que não possamos ver, tocar ou provar cientificamente. Como resultado, muitos de nós não confiam mais que a nossa imaginação possa atingir os mundos invisíveis que existem dentro de nós.

O historiador Mircea Eliade narra uma história do povo australiano Arunta. Eles carregavam um totem sagrado que lhes havia sido dado por um ser celeste. Onde quer que enterrassem o totem, ele definiria o seu território terrestre e possibilitaria o acesso ao reino dos céus. Quando esse totem se quebrou, a tribo inteira vagou sem destino. Até que todos se deitaram juntos no solo e esperaram que a morte os levasse.

Essa é também a história da cultura moderna. A conexão entre os mundos visível e invisível foi quebrada, com grande custo para nosso espírito. Essa perda é particularmente evidente em nossa abordagem não imaginativa da morte. Enquanto outras culturas tinham os ricos recursos dos mundos invisíveis para se apoiarem, a nossa se debate em áridas imagens da morte.

A imaginação foi denegrida no Ocidente, desprezada como fantasia e julgada anormal. Não é raro ouvirmos: "Você está imaginando coisas". O poeta irlandês John O'Donohue nos diz que a imaginação é a faculdade espiritual mais negligenciada no Ocidente intelectualizado. Ele adverte que as imensas riquezas que estão próximas à morte e à dor só estarão disponíveis para nós quando soubermos despertar a nossa imaginação.

Como muitas outras culturas já descobriram, a imaginação é uma ponte entre a mente e a matéria, o consciente e o inconsciente. Ela nos leva às nossas profundezas e

49

a um mundo invisível que tem sua própria realidade. Lá temos a oportunidade de ir além da perspectiva limitada do ego e de explorar infinitas possibilidades. Podemos voar, mudar de forma, morrer de novo e de novo.

Kenneth Ring, autor de *Heading Toward Omega* (Dirigindo-se à Omega), escreve que "entrar na imaginação antes de morrermos é conhecer nossa fonte e nosso destino". Isto é, conhecer de onde viemos e para onde vamos. Ele sugere que, quando morremos, ficamos em contato com a imaginação. Entramos em um estado de consciência em que as imagens geradas pelos pensamentos e desejos de nossas almas são nossa realidade.

Quando Bel disse a Rodrigo: "Se você quiser pode ir a outros lugares com sua mente. Com ela, você pode ir para onde desejar" ela deu a ele a oportunidade de, antes de morrer, ter a experiência das possibilidades ilimitadas de sua imaginação. Sua mente viajou por campos e árvores, voando em uma brisa fresca.

Nesses poucos minutos em que Rodrigo imaginou estar nas montanhas, pôde ter acesso às suas riquezas internas. Ele percebeu que não era apenas seu corpo. Em sua imaginação, era livre, sem fronteiras, cheio de espaço.

Nesse mundo imaginário, a morte não está desligada do ciclo natural da vida. A morte não é um fim, mas um começo; não é uma catástrofe, mas uma transformação em algo maior. Para a imaginação, a morte não é o fim, mas a continuação da expressão da alma por meio de imagens. As imagens que se manifestam podem ser cheias de beatitude, perturbadoras ou confortantes: elas têm o poder de nos tocar profundamente, nos mudar, alimentar e transformar, mesmo que nós não as compreendamos. Elas são produtos da alma.

Quando meu pai estava morrendo, a proximidade da sua morte me levou a esse mundo da imaginação, onde adquiri novas perspectivas e imagens da morte. Em uma viagem interior, fui surpreendida por raios de luz brilhando na escuridão. Quando perguntei ao ser que se apresentava naquele momento o que meu pai iria vivenciar no momento de sua morte, ele me apontou seu manto negro, que mal se distinguia da escuridão, e disse: "Essa é apenas a camada superficial da morte". E então, levantando o manto, revelou uma luz radiante, ofuscante como o sol. Essa imagem impressionante e potente nutriu-me durante aqueles instantes difíceis, como a imagem das montanhas nutriu Rodrigo.

Desde a morte de meu pai, tenho dedicado grande parte de minha prática terapêutica, meus ensinamentos e escritos, à dor. Meu trabalho tem sido educar, apoiar e encorajar as pessoas em seus momentos de dor. Como guia para esse mundo interno profundo, encorajo meus pacientes a mergulharem dentro de si mesmos, para encontrar os recursos que permitirão a eles atravessar a solidão e a depressão. A enfrentar não apenas o caos e a incerteza, mas também sua própria mortalidade.

Por meio de sonhos e técnicas de visualização muitos pacientes puderam ter acesso a uma nova perspectiva e força interna. Também tornaram-se capazes de desenvolver uma nova relação interna com aqueles que haviam falecido. A partir disso, tenho testemunhado profundas curas e transformações, assim como mudanças sutis. Esse é o tema do meu livro *The Infinite Thread: Healing Relationships Beyond Loss* (Beyond Words Publishing).

A imaginação, essa faculdade espiritual negligenciada, oferece ricas possibilidades de cura para os que estão morrendo ou sofrendo. Quando estamos no limiar da morte, a imaginação está dentro de nós, pronta para nos guiar ao desconhecido e para nos dar inspiração em nossa jornada.

Mary Luckin

Enfermeira-chefe do Pembridge Palliative Care Center (Centro de Cuidados Paliativos de Pembridge) associado ao hospital St. Charles de Londres. Trabalhou como enfermeira médica e cirúrgica de 1989 a 1994. Desde então dedica-se ao acompanhamento de pacientes terminais no Pembridge Palliative Care Center. Em 2001 formou-se em estudos de ciência e saúde.

A visualização é reconhecida como um meio potencial de curar e ou de confortar, embora seja uma intervenção difícil de mensurar. Por essa razão, é incluída entre as terapias complementares, ou holísticas, e não entre os recursos da medicina convencional.

O relato do caso de Rodrigo é muito mobilizador porque ilustra como a imaginação pode ser efetiva e poderosa em ajudar uma pessoa a se desligar de seu corpo físico. A técnica de visualização, a arte ou a música podem ser de grande conforto tanto para a pessoa doente como para seus familiares. Usando essas técnicas, é admirável como Bel, com sua capacidade de comunicação e empatia, conseguiu "tocar" uma pessoa num estado de saúde tão grave, num curto espaço de tempo.

Pessoas céticas como Rodrigo frequentemente procuram se ater às manifestações físicas de sua doença. Preferem não considerar suas necessidades emocionais. Para uma pessoa como Rodrigo, é muito difícil desfocar a atenção de seu sofrimento físico. Considero que a habilidade e a compaixão foram fundamentais para levar Rodrigo além de sua visão imediata.

É interessante notar o resultado positivo da combinação de diferentes terapias – como a prática oriental do canto de mantras e a música europeia de Beethoven. Juntas levaram Rodrigo a um alívio de seus sintomas. Um verdadeiro acompanhamento holístico respeita as necessidades de cada indivíduo.

Também respeitamos as necessidades espirituais de cada paciente internado no *Pembridge Palliative Care Center*. Eles são de culturas e religiões variadas. Nosso atendimento, flexível e criativo, busca atender as diferentes necessidades. Na Inglaterra, legalmente o capelão de um hospital tem de ser da religião anglicana e a sua atuação difere de hospital para hospital. Nosso atual capelão oferece sua ajuda a todos os pacientes e suas famílias, qualquer que seja sua religião. Está sempre disposto a orar e conversar com eles.

Também visitam regularmente o *Pembridge Palliative Care Center* um padre e uma freira católicos e um rabino. No momento da internação perguntamos ao paciente sobre as suas crenças e práticas espirituais. O padre/pastor/rabino do próprio paciente, da sua igreja ou sinagoga local pode visitá-lo a qualquer momento. Eles são contatados em casos de emergência, por exemplo, para dar os últimos sacramentos aos doentes no momento de sua morte.

Temos um templo ecumênico onde pode ser realizado qualquer serviço religioso. Para os pacientes que não falam inglês, há sempre um intérprete à sua disposição.

As enfermeiras e médicos também conversam sobre as questões espirituais com pacientes e suas famílias, quando necessário. A equipe multidisciplinar – médicos, enfermeiras, capelão e assistente social se reúnem uma vez por semana para discutir as necessidades de cada paciente – o seu bem-estar físico, emocional, social e espiritual.

Os voluntários são preciosos nesse tipo de trabalho. Eles conversam e confortam os pacientes. Se houver necessidade os doentes também recebem o atendimento de outros terapeutas, como massagistas, músico e arte--terapeutas. O trabalho multidisciplinar e o respeito às diferenças individuais de cada paciente caracterizam as atividades do *Pembridge Palliative Care Center.*

O QUE DIZER PARA AQUELES QUE ESTÃO MORRENDO?

CASO RUBENS

Encontrei Rubens em outubro de 1994. Ele estava com 71 anos e bastante debilitado em função de um enfisema pulmonar que comprometia cinquenta por cento de sua capacidade respiratória. Debilitado devido a uma cirurgia no intestino, já havia sofrido uma parada cardíaca. Ele encontrava-se num estado de torpor, à base de analgésicos e recebendo alimentação artificial. Os médicos consideravam-no um caso sem esperança.

Sua filha Laura e eu fomos visitá-lo no hospital, numa sala de terapia intensiva pouco ventilada, sem janelas. Estava junto com outros seis pacientes, também em estado muito grave. A visita era permitida por apenas dez minutos. O impacto do contato direto com o sofrimento de todos ali presentes foi intenso. Ficamos em silêncio. Precisava de um tempo para me reorientar frente à aversão que senti naquele local. Sabia que tinha de aceitar o que estava vendo: a degeneração do corpo humano no final da vida. Tinha de aceitar a evidência da morte, enquanto o aparato tecnológico daquela sala de UTI, apenas com pacientes em estado terminal, representava o desejo obsessivo em manter a vida sob quaisquer condições.

Depois de me acalmar, pedi interiormente ao meu mestre, Lama Gangchen Rinpoche, que me ajudasse a gerar a energia correta para aquele momento. Dirigi minha atenção para Rubens, que dormia preso a tubos e agulhas.

Laura e eu recitamos em voz baixa a Prática de Autocura Tântrica NgelSo perto do ouvido de Rubens. Observamos sua respiração se tornar cada vez mais calma.

A prática de Autocura Tântrica NgelSo foi elaborada por Lama Gangchen em 1993. É uma meditação que visa purificar e harmonizar nossas energias sutis do corpo e da mente através do canto de mantras (repetição de sons sagrados), da realização de mudras (gestos sagrados) e da visualização e concentração de símbolos sobre nossos cinco chakras – centros energéticos localizados no topo da cabeça, na garganta, no coração, no umbigo e na região sexual.

Em seguida, repeti várias vezes a frase que conclui essa prática: *"Pelo poder da verdade, paz e alegria, agora e sempre"*.

Como Laura mencionou nesse momento que Rubens era uma pessoa extremamente responsável, eu lhe falei: *"– Sua família está bem. Estão todos bem. Você agora possui apenas a responsabilidade de ter paz nesse momento, o mais importante de sua vida. Visualize uma luz branca no topo de sua cabeça. Sua mente é essa luz. Assim, poderá sentir paz e alegria, pelo poder da verdade, agora e sempre".* Rubens abriu os olhos e sorriu. Laura lhe garantiu que tudo estava bem.

A luz branca representa a natureza pura de nossa mente que se manifesta no momento de nossa morte. Visualizar uma luz branca nesse momento nos prepara para ter morte pacífica. Segundo o budismo tibetano, a última experiência da mente antes de deixar o corpo é de vivenciar uma intensa luz branca, denominada por *clara luz*. Um bom praticante busca ainda em vida desenvolver através da meditação essa visão interna da clara luz. Ele sabe que se reconhecer a clara luz como sua verdadeira natureza, no momento de sua morte, irá romper o ciclo de morte e renascimento que o mantém preso ao sofrimento. Caso contrário, se não souber aproveitar a experiência da clara luz, irá permanecer nesse ciclo.

Lama Gangchen Rinpoche escreve em seu livro *NgelSo – Autocura III*: "Reconhecendo e usando nossas mentes sutis e muito sutis durante o processo da morte, podemos transformar todas as nossas energias e experiências negativas em positivas por meio do poder tântrico. Usando a clara luz muito sutil de bem-aventurança para meditar no espaço absoluto da vacuidade de nosso ego, podemos dissolvê-lo no espaço interior e apagar os registros de nossas negatividades do disco do computador mental".

Os enfermeiros insistiam que já havíamos ultrapassado muito o horário permitido. Laura disse a seu pai que voltaria no final da tarde. Conversamos sobre os sinais que poderiam indicar a proximidade da morte e o que ela poderia fazer nesse caso, como pressionar o topo da cabeça de seu pai após seu falecimento, para que a mente pudesse deixar o corpo de maneira auspiciosa, e fazer uma oração de agradecimento por tudo de positivo que viveu com ele.

Resistimos em falar sobre a morte, mas o reconhecimento dos sinais de sua aproximação pode ser útil para todas as pessoas que assistem a esse momento. As enfermeiras Maggie Callanan e Patricia Kelly, especializadas no atendimento com pacientes terminais, também descrevem no livro *Gestos Finais* (ed. Nobel) os indícios de uma morte próxima. Alguns deles são: dificuldade de engolir e aumento da temperatura do corpo, enquanto os pés e as mãos esfriam. Lábios e unhas ficam arroxeados. Em geral, a pessoa presta pouca atenção ao que está acontecendo; parece não escutar, e seus olhos se tornam vítreos – como se estivesse olhando mas não vendo as pessoas e as coisas. Mesmo quando a pessoa está muito fraca para falar ou perdeu a consciência, pode ainda ouvir. A respiração torna-se irregular, até pode parar por alguns segundos e depois recomeçar. Algumas vezes, as últimas respirações assemelham-se a suspiros.

O processo da morte está descrito, segundo o budismo tibetano, em oito etapas que se iniciam com a dissolução dos quatro elementos (terra, água, fogo e ar) e termina com a dissolução da consciência (do apego, da raiva e da ignorância) no elemento espaço. Ou seja, na morte todos os elementos que integram o nosso corpo e mente vão sendo removidos e desintegram-se. À medida que o corpo morre, dissolvem-se a raiva, o desejo e a ignorância em nossa mente sutil.

Com a dissolução do elemento terra, a pessoa tem uma forte sensação de que vai cair. O corpo perde o brilho e fica retraído. Não pode mais piscar os olhos e, se esses permanecerem abertos, não podem mais enxergar.

Com a dissolução do elemento água, os fluidos do corpo, como a saliva e o suor, secam e a pessoa já não é mais capaz de ouvir.

Com a dissolução do elemento fogo, ela não é mais capaz de engolir e seu corpo começa a esfriar a partir de seus pés e mãos e a pessoa já não é mais capaz de sentir cheiros.

Com a dissolução do elemento ar, sua respiração torna-se irregular, a expiração torna-se mais longa que a inspiração e os sentidos do paladar e do tato cessam. A língua torna-se azul e encolhe. A respiração pára, no entanto esse não é considerado o momento de sua morte. A mente sutil ainda está presente no corpo da pessoa. Ela terá várias experiências internas de luz branca e vermelha seguida de uma grande escuridão até o surgimento da clara luz.

Aos poucos havia explicado tudo isso para Laura, que estava decidida a encarar de frente o que quer que estivesse para acontecer. No final da tarde do mesmo dia que visitamos seu pai, Laura voltou ao hospital. Assim que chegou, ele esticou sua mão em direção ao seu alcance para que ela a segurasse. Observando sua respiração alterada, com a inspiração mais longa que a expiração, Laura percebeu que seu pai estava perto de morrer. Recitava mantras em voz baixa. Enquanto lhe desejava paz, viu seu pai falecer.

Poucos minutos depois, ela me telefonou emocionada, dizendo que estava triste por ele ter partido, mas muito feliz por ter podido ajudá-lo. Havia compartilhado com ele o momento mais importante de sua vida.

Lama Guelek Rinpoche, um de meus mestres no budismo tibetano, certa vez disse em seus ensinamentos que podemos nos preparar para a morte, assim como quem se prepara para uma viagem. Se nos prepararmos com antecedência, teremos mais chance de lembrar de tudo o que queremos levar. Depois disse: "O que vocês querem levar quando partir? Quando eu for não quero ir com raiva, insatisfação ou arrependimento, nem com apego. Eu quero ir como um pássaro que levanta voo do topo de uma montanha. Não quero ninguém segurando meus pés. Isso é verdade. Não quero nenhuma carga nas minhas costas. Quero ir como um espírito livre".

COMENTÁRIO

DR. ROGER COLE

Médico australiano especialista em medicina paliativa para pacientes que enfrentam a morte. Dr. Roger Cole completou sua formação universitária na década de 1970 nos hospitais Guy's e Kings College, em Londres. Especializou-se em oncologia e, desde 1990, é diretor do setor de Cuidados Paliativos, em Wollongong, NSW, Austrália. É autor do livro Missão de Amor *(Gente) e membro da Universidade Mundial Espiritual Brahma Kumaris, organização internacional que ensina medi-*

tação raja yoga como um serviço comunitário gratuito (www.bkwsu.com).

Sabedoria, empatia e compaixão são alguns dos presentes que recebemos das pessoas que morrem sob nossos cuidados. Nesses casos, muitas vezes não está claro para nós o que fazer. Podemos escolher não fazer nada ou usar nossa intuição e arriscar. Eu diria que Bel usou sua intuição e se arriscou.

Quando temos essa coragem, geralmente nos beneficiamos e aprofundamos nossa experiência de vida. Mas também podemos correr o risco de ofender e perturbar àqueles que estamos tentando servir. Eles podem rejeitar nossos melhores esforços e intenções e, algumas vezes, nos sentimos machucados com isso. Mas sinto como um ato de amor o esforço daqueles que estão querendo ajudar e compartilhar estes últimos momentos. Rubens encontrou a paz, apesar do ambiente técnico e frio em que estava morrendo. Essa disposição certamente estava conectada às palavras e presença de Bel.

Bel pediu-me para relatar um caso em que eu tivesse passado por alguma situação similar. Então dei a ela a permissão de reproduzir a história de John, do meu livro *Missão de Amor*. Esse foi um caso em que também tive coragem de me arriscar.

John tinha aids. Ele havia recebido o diagnóstico quatro anos antes e vinha travando uma luta desesperada para sobreviver com a ajuda da medicina ortodoxa e da complementar.

Sua coragem e seu otimismo iniciais deram lugar à depressão e à desesperança à medida que sentia o fracasso e encarava a inevitabilidade da morte. Por força do amor, seu companheiro e sua família não desistiam e o encorajavam a continuar lutando. "Com a atitude certa você ainda pode vencer", eles lhe diziam. Deus sabia quanto havia tentado, ele pensava.

Na época em que foi internado para cuidados terminais, já havia sofrido muito. Com profundas olheiras no rosto encovado, John tinha o corpo esgotado. Vergões marcavam sua pele, emaciada sobre os ossos. Suas costelas se projetavam acima das pernas dolorosamente finas, que já não suportavam o peso do corpo.

Ele estava totalmente dependente. Também já estava um pouco perturbado mentalmente, sabia que estava "perdendo a razão". A esse sofrimento somava-se a incontinência da diarreia decorrente da aids. Os que cuidavam dele estavam completamente exaustos e haviam solicitado sua internação. John tinha apenas 26 anos.

Quando o conheci, era evidente que estava à morte. Ele parecia totalmente infeliz. Seus olhos eram furtivos e imploravam que eu fosse embora. Percebi que de nada adiantaria fazer com que me relatasse seu histórico médico. Ele precisava sentir gentileza, confiança e bondade humana. No entanto, ressentia-se de minha intrusão, e saber como envolvê-lo era um desafio.

"Onde dói?", perguntei.

"Tudo", ele respondeu, raivoso e desafiador. "Olhe para mim, o que é que você acha?". Pude sentir seu ressentimento e fiquei sem saber como prosseguir.

"John, vou tentar dar-lhe algum conforto físico e parar a diarreia", eu lhe disse. "Não tenho ideia de como é estar em seu lugar, mas posso ver que você tem sofrido terrivelmente e imagino que deva ser quase insuportável".

"Quase!", ele escarneceu. "Quase! Eu não aguento mais".

"Ajude-me a compreender melhor", pedi a ele. "O que é assim tão terrível neste momento? O que é que você não aguenta mais?". A princípio relutantemente, mas depois com animação, ele me contou sobre a perda da saúde e, com ela, dos sonhos e das esperanças. Descreveu seu desconforto físico, sua negra depressão, sua ira contra aqueles que haviam sido "incompetentes" e tinham fracassado na tentativa de cura. Falou da perda da dignidade. Contou-me quanto detestava os conselheiros e aqueles que "rapinavam" pessoas como ele. Depois ficou quieto e pareceu recolher-se em si mesmo. Decidi correr um risco. Acertadamente ou não, perguntei-lhe: "Você acredita em alguma forma de vida após a morte?".

Ele emergiu de si mesmo. Apesar de exausto, seus olhos se endureceram, e a mensagem era clara: "Sem conversa de cabeceira", eles diziam. Suas palavras foram raivosas, violentas e definitivas: "Quando você morre, está morto. Acabou!". No desconfortável silêncio que se seguiu, senti que havia cometido um erro e fiquei sem saber o que dizer. Eu esperava que uma discussão positiva sobre o "após a morte" lhe trouxesse algum consolo. Em vez disso, parecia que eu arruinava qualquer chance de estabelecer um relacionamento de confiança. Mas algo me ocorreu em relação à forma de sua rejeição. Compreendi que, tendo sofrido por tanto tempo, a vida eterna, para John, significava sofrimento eterno. Ele só conseguia projetar para o futuro aquilo que estava vivenciando no momento. Sua esperança era a morte porque ela representava o fim do sofrimento. Mencionar o assunto pós-morte, ainda que com boa intenção, era um desafio direto.

Senti que para dar-lhe esperança eu teria de dizer a ele que estava morrendo e logo tudo terminaria, mesmo que sua família implorasse que não o fizesse. Eu disse: "John, você está muito próximo do fim. Acho que faltam apenas poucos dias. Nós faremos com que sejam confortáveis para você. Não há mais necessidade de lutar. Seu sofrimento logo terminará". Houve uma visível mudança nele. Seus olhos se suavizaram e encheram-se de lágrimas, a sombra do medo se foi. Sua raiva se dissolveu e ele proferiu sua última palavra dirigida a mim: "Obrigado".

Sentei-me com ele enquanto se acalmava, depois deixei o quarto para encontrar-me com sua família. Eles, naturalmente, ficaram muito zangados comigo por falar a John sobre a morte, mas eu os ajudei a compreender que havia usado o bom senso e naquele momento era melhor que ele soubesse.

Antes que John morresse, no dia seguinte, eles passaram juntos momentos especiais. Em vez de lhe implorar que continuasse lutando, permitiram que ele morresse em paz. Aceitando sua morte, deram-lhe apoio e o deixaram ir.

Antes de conhecer John eu já trilhava havia alguns anos um caminho espiritual. Nele aprendera que espiritualidade está relacionada com sensibilidade e compreensão mais do que com forma e doutrina. Ao sentir que sua principal necessidade era libertar-se do sofrimento, pude dar-lhe esperança. Ao encontrar uma forma de trazer paz à sua mente, acredito que servi a uma necessidade espiritual. Ao esclarecer isso para a família de John, ajudei-os a permitir que ele se fosse. Isso, por sua vez, possibilitou que ele morresse em paz.

Por escrever este livro, tenho um débito para com John. Ele me fez pensar. Ele fez com que eu questionasse por que algumas pessoas têm de sofrer. Ele me levou a perguntar por que nos tornamos "espiritualmente cegos" e distanciados de nossa alma. Ele me fez imaginar como seria livrar-se do medo, como seria experimentar a paz que se tornou evidente quando soube que estava morrendo. Fez-me também imaginar se eu esperaria até minha própria morte para descobrir isso. Ao fazer com que me questionasse, ele me levou a procurar o entendimento.

A frase "Pelo poder da verdade, paz e alegria, agora e sempre" que Bel disse a Rubens me chamou particularmente atenção. Essas palavras carregam a essência daquilo que realmente somos. Se nós fôssemos apenas corpos físicos, elas não teriam nenhum poder e representariam só retórica e decepção. Essas palavras falam à alma murmurando que a morte é simplesmente um deixar ir o que não é real, uma lembrança de quem somos nós.

Quando nós nos tornamos inocentes como uma criança, há aceitação e paz. A luta termina, o medo não tem mais influência e não encontra mais abrigo dentro de nós. Com aceitação, somente o amor permanece. O amor que dissolve ego, apego, sentimentos de responsabilidade, até que só permaneçam o real e a verdade. A alma se encontra diante de um portal, nua, livre das máscaras e ilusões da vida e liberada do corpo físico. Está pronta para viajar através do tempo e do espaço.

Nós podemos aprender com isso uma lição para nossas vidas. Lembre-se de que você é uma alma. Vivencie esse eu imortal e você encontrará paz. Estude suas virtudes mais profundas e viva de acordo com seus próprios valores. Assim você experimentará o seu eu divino e finalmente encontrará a felicidade. Tenha compaixão por esse mundo que sofre porque esqueceu sua alma. Dessa maneira, irá experimentar a benevolência. Considere todos como sendo seus irmãos, sinta que pertence ao mundo, e então você desenvolverá maturidade e responsabilidade. Olhe para a fonte do amor e você conhecerá a verdade.

Como Compartilhar o Sofrimento Daqueles que Enfrentam o Processo de Morrer

CASO GUSTAVO

Em fevereiro de 1995, conheci Gustavo, que tinha 36 anos naquela época. Ele havia sido contaminado pelo vírus HIV havia quatro anos. Embora tivesse superado várias crises anteriores, dessa vez seu estado de saúde era muito grave. Encontrava-se internado na UTI do Hospital São Camilo há mais de uma semana.

Sua irmã Helena, com quem ele tinha uma relação afetiva muito profunda, havia me procurado no dia anterior. Ela estava decidida a realizar um pedido de seu irmão: encontrar uma pessoa que lhe trouxesse ajuda espiritual. Como ele não tinha ligação com nenhum representante religioso e era uma pessoa muito fechada, Helena procurava alguém que pudesse auxiliar Gustavo a transformar seu medo em serenidade, apesar de toda sua dor física e emocional.

Ao entrar na sala da UTI onde Gustavo se encontrava, fiquei surpresa de encontrar um ambiente iluminado. Ao contrário das outras salas de UTI em que eu já havia estado, esta sala era ampla, com doze leitos, com muitas janelas sem cortinas. Apesar do sofrimento dos pacientes, havia luz e silêncio.

Tive de entrar sozinha, conforme exigiam as regras do hospital. Apresentei-me a Gustavo como a pessoa que ele havia pedido à sua irmã. Ele foi receptivo e, devido a uma empatia espontânea, nos aproximamos imediatamente.

Assim que segurei sua mão, Gustavo mostrou sua vulnerabilidade. Desculpou-se por estar chorando e começou a falar várias coisas ao mesmo tempo, de maneira desordenada. Mas logo percebeu que eu não estava entendendo o que ele me dizia. Parou, então, de falar e fixou seu olhar nos meus olhos. Por segundos ficamos nos olhando sem ação e, então, começamos a rir.

Gustavo me contou que não conseguia dormir. Passava o dia todo ligado, observando tudo o que acontecia à sua volta. Chorando, ele me disse: "Faço isso para não morrer. Quero aproveitar cada minuto da minha vida".

Enquanto ele dizia isso, observava chocada o que ocorria na cama ao nosso lado, separada por um pequeno biombo. Os enfermeiros estavam extraindo, com um tubo muito largo, muito sangue da boca de um paciente. Me perguntei como seria esse "aproveitar cada minuto da vida" se à sua volta só havia sofrimento. Disse a Gustavo que, apesar de compreender seu anseio pela vida, achava difícil ele conseguir relaxar frente a tanto sofrimento. Gustavo me olhou com tristeza, concordando com a cabeça. Então, eu lhe disse: "Talvez seja mais fácil observar o que está acontecendo dentro de você do que estar atento à sua volta. Posso te ajudar a olhar o que se passa dentro de você. Você pode se surpreender ao perceber que pode sentir mais paz do que imagina".

Coloquei minhas mãos sobre seu peito e ele fechou os olhos, enquanto respirava profundamente algumas vezes. Disse para Gustavo: *"Temos medo de, ao reconhecer a dor, sermos destruídos por ela. Na realidade, ela se dissolve quando é experimentada. A dor que dura para sempre é a dor que nunca foi expressa"*. Esse é um ensinamento do lama tibetano Sogyal Rinpoche, escrito em seu livro *O Livro Tibetano do viver e morrer* (Talento e Palas Athena).

Quando ele abriu os olhos, nos olhamos com muito afeto. Uma vez que Gustavo já estava bem mais relaxado, lhe pedi que mantivesse a atenção em sua respiração, enquanto eu cantaria para ele alguns mantras e faria gestos de mãos (mudras) sobre seu corpo. Os mantras e os mudras que integram a prática de Autocura Tântrica de Lama Gangchen Rinpoche possuem a finalidade de liberar energia positiva e restabelecer o equilíbrio energético interior.

Depois da meditação, eu lhe ensinei um pequeno exercício de respiração abdominal: com a mão esquerda sobre o peito e a direita sobre a barriga, deveria notar que, ao inspirar, sua mão direita se elevava e, ao expirar, a esquerda. Depois poderia visualizar uma luz branca entrando em seu corpo pelo topo de sua cabeça. Em geral, quando uma pessoa está ansiosa, sua respiração se torna superficial e a barriga se torna tensa. A respiração abdominal ajuda a relaxar, pois restabelece a nossa base. Ela aumenta a energia vital e a capacidade de pensar com clareza.

Quando terminei a prática de Autocura Tântrica, senti que Gustavo ficaria bem. Nos despedimos com o compromisso de que voltaríamos a nos ver no dia seguinte.

Quando voltei a vê-lo, notei que Gustavo estava mais tranquilo, apesar de ainda estar bastante confuso. Falava muitas coisas ao mesmo tempo. Dizia frases soltas e sem nexo. Depois de escutá-lo por um tempo, eu lhe disse num tom quase de brincadeira: "Acho que você está me contando tudo que tem passado na sua mente..." Ele então riu e me respondeu no mesmo tom: "Então, vamos começar do começo. Que dia é hoje e quanto tempo ainda vou ficar aqui?".

Eu lhe disse que segundo os médicos ele poderia sair da UTI no dia seguinte se colaborasse em se alimentar e aceitar a medicação. Ele nada disse e mudou o assunto. Contou que tinha feito o exercício da respiração várias vezes e que já se sentia bem mais calmo. Percebi que ele necessitava conversar sobre seu estado mental confuso. Expliquei a ele que a perda da noção do espaço e do tempo é comum nas pessoas que passam muitos dias num local fechado, como a UTI. E que, portanto, é natural sentir-se inseguro e vulnerável com a perda do referencial do dia e da noite. Depois conversamos longamente sobre a natureza do medo e da coragem, para que ele pudesse lidar melhor com a sua insegurança. Compreender como os nossos sentimentos atuam sobre nós nos ajuda a recuperar a sensação de autocontrole.

O budismo nos ensina a reconhecer que possuímos dois ambientes em nosso mundo interno: medo e coragem. Apesar da coragem ser a nossa energia de base, não a tocamos porque estamos condicionados a reagir com medo e dúvida. O medo nos paralisa. Ele alimenta nossa inércia frente às mudanças. Ele nos impede de acessar nossos recursos positivos, como a coragem e a confiança. Passivos, nos tornamos vítimas. Ficamos presos à esperança de que algo ou alguém venha nos salvar. Porém, a vontade de fazer algo por si mesmo para sair do sofrimento é sempre individual. Ninguém pode nos "salvar". Mas podemos ser inspirados pelos outros a perceber que não somos condenados aos limites que nos impomos. Assim, saímos da paralisação e recuperamos uma atitude ativa frente à dor. Despertamos o dom da coragem, a capacidade de continuar.

Ao acolher a dor abandonamos a postura de vítima. A aceitação da dor passa a ser uma atitude ativa, baseada na perspectiva de superar o sofrimento.

Gustavo ouviu atentamente as minhas palavras. Depois, o convidei a colocar sua mão esquerda sobre seu coração e a direita sobre sua barriga. Ao inspirar, sugeri que repetisse a frase: "aceito este momento". E, ao expirar: "abro-me para seguir em frente".

Em seguida, disse-lhe para visualizar uma forte luz branca na inspiração e, na expiração, uma fumaça escura, que, ao sair, levava consigo toda sua dor física e emocional.

Ao final do relaxamento, Gustavo abriu os olhos e me agradeceu por nosso encontro. Combinamos de nos ver após o final de semana, na segunda-feira, com a esperança de que ele já estivesse no quarto, fora da UTI. Apesar de esse ter sido nosso segundo encontro, nos sentíamos muito próximos.

Na segunda-feira, para minha surpresa e felicidade, ele realmente havia saído da UTI. Estava consciente, mas sem força para falar. Seu olhar era atento e comunicativo. Fiz a meditação de Autocura Tântrica e visualizações de purificação. Depois permaneci ao seu lado até que dormisse.

No dia seguinte, cheguei cedo ao hospital. Gustavo estava em estado de profundo torpor. Respirava com dificuldade. Seu olhar era doce, mas distante. Passei o dia todo ao seu lado. Em alguns momentos, recitava mantras em voz alta, outros em voz baixa. Várias vezes eu lhe falava em seu ouvido para focar sua mente numa luz branca tão clara como sua mente. Às vezes, Gustavo parecia querer dizer algo, mas já não conseguia mais falar. Outras vezes, me olhava enquanto apertava minha mão.

Sua mãe, seu irmão e Helena permaneceram ao lado de Gustavo. À noite todos estavam exaustos. Resolvi ir para casa e pedi que me chamassem assim que percebessem qualquer alteração na respiração de Gustavo, principalmente se a expiração se tornasse mais longa que a inspiração, sinal de que estaria perto de falecer.

Às quatro horas da manhã seu irmão notou essa alteração e me telefonou. Quando cheguei ao hospital, achei que o quadro geral de Gustavo não havia se alterado muito.

Coloquei o fone do *walkman* com a prática de Autocura Tântrica NgelSo em seus ouvidos, sentei na poltrona ao lado e relaxei. Depois de algum tempo, seu irmão fez um sinal para me aproximar. Segurei o pulso de Gustavo e senti em meus dedos a cessação do seu batimento cardíaco.

Delicadamente, tirei um dos fones de seu ouvido e surpresa notei que, nesse exato momento, havia acabado de terminar a oração que conclui a meditação de Autocura Tântrica. O texto, apesar de ser recitado em tibetano, possui um significado profundo, que agiu como uma bênção para esse momento: "Pelos méritos das virtudes brancas aqui acumuladas, possa eu rapidamente nascer em Shambhala, o tesouro das Joias, e lá completar os estágios do caminho e do Yoga Tantra Superior".

Aos poucos seus familiares chegaram. Juntos, dedicamos nossas orações a Gustavo. A boa notícia de que ele havia falecido no mesmo instante em que finalizava uma prece suavizava a dor daquele momento.

COMENTÁRIO

Clarice Pierre

Clarice Pierre é psicóloga, psicodramatista e trabalha com doentes terminais e crônicos. É autora do livro A Arte de Viver e Morrer *(Atelier Editorial). Faz palestras em instituições ligadas à área de saúde e universidades de medicina. Seu website www.claricepierre.psc.br oferece informações para profissionais de saúde assim como para familiares que lidam com doentes terminais.*

Quando a Bel me pediu que eu comentasse um dos casos por ela atendidos, pensei em Alberto, um dos pacientes que atendi ao longo de minha jornada profissional. Como Gustavo, tinha a mesma resistência em aceitar a morte. Ambos tinham a mesma idade, 36 anos, e eram portadores do vírus HIV. Alberto, mais racional que Gustavo, também estava apavorado e deprimido diante da ideia de morrer.

Alberto me procurou uma semana após ter recebido o diagnóstico de câncer no pulmão. Era executivo de uma empresa e encontrava-se em grande ascendência profissional. Casado havia 10 anos, tinha dois filhos pequenos.

Fumante há 20 anos, não se preocupava com sua saúde. Alimentava-se mal, não fazia exercícios físicos e muitas vezes trabalhava 12 horas por dia.

Em sua primeira sessão, mostrou-se inconformado com o seu diagnóstico. A morte parecia não fazer parte de seu cotidiano. Jamais havia pensado nela ou perdido qualquer parente próximo. Vivia como se fosse imortal.

Nossas sessões foram permeadas de emoções e sentimentos profundos relacionados com a vida e com a morte. Em seus relatos, Alberto dizia que sempre fora ensinado a conquistar e obter vitórias, mas nunca a encarar sofrimentos. E era assim que estava criando seus filhos, pois temia que, se assim não fosse, estaria formando homens condenados ao fracasso. Tudo em sua vida era sempre explicado pela lógica e pela razão. Não havia lugar para a espiritualidade. Agora, encontrava-se com sentimentos de total impotência frente à questão da morte.

Em nossas sessões, tive a oportunidade de falar a ele sobre a necessidade de conscientização de nossa mortalidade e fragilidade, para aprender a valorizar a vida mais intensamente. Mostrei a ele como era importante não desperdiçar um só minuto de nossa existência.

Procuro sempre entrar em contato com o médico especialista que acompanha o doente, para que eu possa dar apoio psicológico baseado em reais condições clínicas. A cada exame laboratorial exigido pelo médico, obtenho informações que norteiam minha conduta com o paciente. Soube então que Alberto não teria chances de recuperação.

Em muitos dos nossos encontros, ele mostrava-se com sentimentos de raiva contra tudo e todos, principalmente contra as pessoas saudáveis. Não conseguia aceitar a ideia de se afastar de suas atividades profissionais, quando tinha tantos planos e objetivos ainda a alcançar.

Revoltava-se contra aqueles que não haviam tido uma conduta de retidão e que mesmo assim continuariam vivos após sua morte. Eram frequentes seus questionamentos: O que fiz para merecer isso?

Dizia também que olhar seus filhos brincando ou dormindo trazia muita dor e angústia, pois não poderia acompanhá-los em suas conquistas futuras. Tinha medo de não poder ampará-los até que se tornassem independentes. Entrava em crises de choro e desespero quando falava a respeito disso.

Em muitas sessões, eu usava recursos de relaxamento para alívio de suas tensões e medos. Mostrando que eu estaria com ele em todos os momentos de temor e sofrimento que o apavoravam, procurava tocá-lo no seu rosto e nas suas mãos, enxugando suas lágrimas. Fomos assim construindo uma relação muito próxima de confiança e afeto.

Seu desconforto físico, psíquico, emocional e espiritual era imenso. Encontrava-se fragilizado e com medo do desconhecido, que teria que enfrentar em breve.

Minhas vivências como profissional de saúde de acompanhamento ao paciente terminal me auxiliaram no atendimento de Alberto. A compaixão e o desejo de ajudá-lo durante esse processo ficava evidente em nossos encontros, em que eu procurava ouvi-lo em suas necessidades.

Compartilhamos seus sentimentos de dor, raiva, angústias. Falamos muitas vezes a respeito de seus projetos interrompidos pela doença e de situações práticas que ele gostaria de deixar organizadas. A seu pedido, encaminhei Alberto para uma advogada que o orientou com relação ao seu testamento e ao financiamento de seu imóvel. Assim, facilitaria a vida de sua esposa após a sua morte.

Em uma das sessões, Alberto expressou vontade de falar sobre Deus e a vida após a morte. Senti com isso que o momento de sua passagem estava se aproximando. Pediu que eu indicasse alguma bibliografia a esse respeito. Eu o atendi prontamente, recomendando um livro que muito tem me ensinado: *O Livro do Viver e Morrer*, de Lama Sogyal Rinpoche. Discutíamos muito sobre os ensinamentos ali contidos. Pude perceber quanto isso era importante e reconfortante para Alberto, que nunca tivera oportunidade de se envolver com tais questões.

Alberto expressou claramente o desejo de morrer em casa, perto de seus familiares. Providenciamos tudo que era necessário para seu conforto físico, com atendimento médico e psicológico domiciliar.

Naqueles dias, realizei sessões com sua família. Conversei sobre as etapas do processo da morte e de luto que se seguiria. Acompanhei também seus filhos, mesmo após a morte de Alberto, procurando explicar a eles o que tinha acontecido da melhor maneira possível.

Estive muito próxima de Alberto durante toda a sua evolução psicológica. Construímos uma relação em que muitas vezes procurei estar no seu lugar para poder sentir o que ele passava e assim ajudá-lo nessa travessia tão solitária. Juntos, enfrentamos os medos que o impediam de ver com clareza aquilo que temia: o desconhecido.

Em nossa última sessão, Alberto já estava muito enfraquecido e falava com dificuldade, pois usava uma máscara para respirar. Nos seus últimos dias passou a ter visões. Dizia que tinha a impressão de que havia uma criança por perto, que ele não conhecia. Essa criança irradiava uma luz muito forte que o impedia de ver seu rosto com clareza. Mas ela trazia uma paz profunda em seu coração.

No término dessa sessão, intuitivamente me despedi dele em pensamento. Senti que não o veria mais com vida. Beijei seu rosto, ele segurou minha mão e agradeceu por eu ter estado ali. Olhei profundamente em seus olhos e ele sorriu para mim.

Recebi a notícia de sua morte no dia seguinte, pela sua mulher, que pediu que eu estivesse com seus filhos no velório. Fiquei ao lado deles, pois essa também tinha sido uma promessa minha a Alberto.

Com Alberto e outros pacientes, pude estabelecer um vínculo profundo, alicerçado em valores importantes, que deveriam estar presentes em todo acompanhamento de um paciente em fase terminal:

1. COMPAIXÃO: que é o sentimento imbuído de ternura, compreensão e o desejo de ajudar.

2. INTEGRIDADE: que compreende honestidade, responsabilidade e confiabilidade.

3. MUTUALIDADE: que é o saber compartilhar, estar aberto e sem preconceitos.

4. CONSTÂNCIA: que é a persistência, a confiança, a disponibilidade, a responsabilidade e a gravidade da doença.

5. POSITIVISMO: que é apoiar, incentivar e restaurar a vitalidade e força interior do doente, levando sempre em consideração a realidade e a gravidade da doença.

6. ESPIRITUALIDADE: que é a fé que temos em nós mesmos e em algo fora ou superior a nós. Deve-se respeitar a dimensão espiritual de cada doente.

7. ESCUTA ATIVA: que é saber ouvir (muito mais do que falar) aquilo que o doente tem a expressar. É importante ressaltar que ele não busca soluções ou respostas, mas somente ser ouvido. Ao praticarmos a escuta ativa, estaremos auxiliando o doente a exteriorizar o medo da morte.

8. RELAÇÃO HORIZONTALIZADA: que é saber estar no lugar do doente e imaginar o que ele sente ou sofre neste momento tão único e solitário, que é o processo da morte. O doente quer compartilhar seus sentimentos de dor, raiva, culpa e até mesmo o de isolamento, para encontrar alívio e paz.

A Prática Espiritual de Dar e Receber

CASO JÚLIA E TERESA

Em agosto de 1995, Teresa chegou a meu consultório preocupada com o estado terminal de câncer de sua mãe, Dona Júlia. Ela estava internada há seis meses, numa clínica estadual, perto de São Paulo. Naquele mesmo dia fomos visitá-la. Aproveitamos o longo caminho até a clínica para Teresa me contar a história de sua mãe. Ela já tinha superado o câncer três vezes em sua vida. Agora, aos 93 anos, sofria de câncer nos ossos e um tumor maligno entre a coluna e os rins.

Teresa frisou que, apesar de sempre ter se dedicado à sua mãe, seu relacionamento com ela era tenso e frágil. Tinha muitas mágoas. Sua mãe havia recentemente feito a ela um pedido de perdão. Mas Teresa ainda resistia a essa ideia, pois dizia que era difícil aceitar o lado mesquinho e materialista de sua mãe.

Dona Júlia trabalhou por muitos anos com alta costura. Seu marido falecera havia 14 anos e seus dois outros filhos estavam bastante afastados. Teresa, sua filha, sentia-se sozinha e sobrecarregada.

Ao chegar ao hospital, encontrei Dona Júlia muito ressentida. Seus olhos transmitiam cansaço e revolta. Ela me dizia frases como: "Deus não me atende mais". "Não sei mais o que pensar". "Quero morrer!".

Seu tom de voz era de puro lamento. Não demonstrava haver nenhuma intenção real de comunicação, só queria desabafar. Vi, então, que tinha pouca possibilidade de atuação naquele momento. Disse, apenas, que conhecia uma pequena meditação que poderia ajudá-la de alguma maneira. Como ela não disse sim, nem não, resolvi começar.

Assim que disse pedi para Dona Júlia visualizar uma luz branca em seu coração, ela logo me cortou dizendo que não via luz nenhuma. Então expliquei a ela que essa luz representava tudo o que temos de bom e que queremos compartilhar. Ela se acalmou e depois adormeceu. Fiquei ao seu lado recitando interiormente alguns mantras. Após uns cinco minutos, ela abriu os olhos, me olhou e disse: "Eu só quero morrer".

Então, para não criar resistências naquele momento, concordei: "– Tudo bem. Procure apenas se lembrar de que a sua mente é uma luz branca pura e brilhante. Se quiser posso voltar para falarmos mais sobre isso". Dona

Júlia não respondeu. Dei-lhe um beijo na testa e fui embora após ter notado que ela havia voltado a dormir.

Em nosso segundo encontro, uma semana depois, Dona Júlia estava bem mais fraca. Não conseguia mover seu corpo. Estava cansada e tinha muitas dores. Aos poucos, procurei explicar a ela como é possível viver a dor física com paz, sem sofrimento.

Sabia que passava uma ideia sofisticada. Separar a dor do sofrimento é um processo que exige autoconhecimento e treino. Mas sentia, ao mesmo tempo, que dizer isso poderia ajudá-la de alguma forma. Em seguida, sugeri que ela dirigisse sua atenção para recordações positivas.

Por instantes fiquei sem saber o que fazer. Percebi que estava me sentindo insegura frente à Dona Júlia. Mas também reconheci que não precisava abandonar aquela situação. Poderia permanecer ao seu lado, sem fazer nada. Enquanto ela dormia, fiquei em silêncio. Uma vez que havia recuperado minha calma, lembrei de praticar uma meditação do budismo tibetano chamada Tonglen, indicada para despertar forças internas quando nos sentimos bloqueados e sem condições suficientes de ajudar alguém. Como Sogyal Rinpoche explica em seu livro *O Livro Tibetano do Viver e do Morrer* (Talento e Palas Athena):

"Na prática do Tonglen de dar e receber, assumimos e tomamos para nós, por meio da compaixão, todos os vários sofrimentos físicos e mentais de todos os seres: seu medo, frustração, dor, raiva, culpa, amargor, dúvida e ódio; e lhes damos, por meio do amor, toda a nossa felicidade, bem-estar, paz de espírito, capacidade de cura, realização e elevação".

Tocada pela vontade de fazer algo por Dona Júlia, ao inspirar visualizava sua dor na forma de fumaça escura penetrando até o centro do meu coração, destruindo minha insegurança, e ao expirar enviava a ela luz e calma. Essa meditação me ajudou a permanecer um tempo maior ao seu lado. O Tonglen é uma solução prática para abrir nosso coração fechado, pois com ele podemos eliminar as barreiras que nos impedem de sentir compaixão pelos outros. Realizar essa meditação durante as situações em que temos dificuldades com os outros nos dá a oportunidade de checar o poder efetivo dessa prática.

Na semana seguinte Dona Júlia faleceu. Em casos assim, não sabemos se realmente ajudamos alguém ou não com nossas intenções. Por isso, nesses momentos, a prática de Tonglen pode ser uma solução. Além de nos ajudar a nos abrirmos para uma situação difícil, o Tonglen, segundo Sogyal Rinpoche, atua positivamente, mesmo que a pessoa não saiba que estamos praticando por ela.

COMENTÁRIO

Annelise Schinzinger

Annelise Schinzinger é americana e faz atendimento domiciliar a pacientes em estado grave na Califórnia (EUA), desde 1991. Também é formada em Línguas e em Recursos Humanos pela Universidade da Califórnia.

Dona Júlia me lembra muito a Sra. Wood. Ambas tinham enfrentado problemas de saúde durante a vida, e eram muito apegadas ao mundo material. Com noventa anos, a Sra. Júlia era tão temperamental quanto Dona Wood, com setenta.

Trabalhava com pacientes terminais havia seis anos quando a conheci, em setembro de 1997. Com um prognóstico médico de algumas semanas de vida, ela tinha acabado de voltar do hospital. Seu estado de saúde era grave: Dona Wood tinha sérios problemas no coração.

A assistente social responsável pelo caso designou quatro auxiliares para cuidar da Sra. Wood em casa. O meu horário era das 15 às 9 horas da manhã, três vezes por semana.

A Sra. Wood não tinha filhos. Porém, pelo vínculo de intimidade e confiança criado entre nós, eu e uma outra ajudante que a acompanhava fomos consideradas por ela como suas "filhas".

Nossa confiança se estabeleceu em momentos em que ela se sentia fragilizada. Conseguimos falar pela primeira vez sobre a morte numa madrugada, quando ela se sentiu muito vulnerável após uma forte crise intestinal.

Só costumo falar sobre as questões que envolvem a morte quando a pessoa se mostra interessada. Durante essas conversas procuro evitar que o tema da morte desperte medo e intranquilidade.

Com este vínculo de confiança formado, posso ajudar os pacientes terminais a enfrentar emoções como raiva, depressão, aflição e tristeza até a aceitação da própria morte. Procuro dar assistência física, emocional e psicoespiritual durante os últimos dias ou semanas de sua vida. Nos Estados Unidos, um paciente pode recorrer ao atendimento de um *hospice*, uma casa especializada em dar atendimento a pacientes terminais, quando ele recebe um prognóstico médico de, no máximo, seis meses de vida.

No decorrer de dez anos de profissão, venho ganhando coragem e confiança em relação a essa transição. Considero-me uma parteira, auxiliando as pessoas a passarem deste plano para outro. O que me motiva a fazer esse trabalho é o crescimento e a abertura de coração pelos quais a maioria dos pacientes terminais passam. Pois, nesse momento, reconhecem a importância de se livrarem das mágoas e de perdoarem a si mesmos e aos outros. É uma fase muito importante da vida. Sou profundamente grata por poder estar junto, testemunhar e participar do crescimento espiritual dessas pessoas.

Desde o primeiro dia, a Sra. Wood tratou-me com respeito e consideração, como se eu fosse uma visita formal. Ela queria saber se eu tinha tudo o que precisava. Às vezes, eu pensava: "Quem está cuidando de quem?"

A Sra. Wood era uma pessoa muito inteligente e culta, com um bom senso de humor. Quando se casou, ela tinha trinta e cinco anos, e o marido, vinte e três. O Sr. Wood trabalhou em uma firma internacional, até tornar-se gerente, e dobrou sua fortuna na Bolsa de Valores. Tapetes persas, objetos de arte e quadros decoravam as salas da casa. Refinada, a Sra. Wood estava lendo a última tradução de um clássico da literatura, a *Ilíada,* de Homero.

Ela não era uma pessoa religiosa, como a Dona Júlia. Quando lhe perguntei sobre isso, a Sra. Wood respondeu: "Deus para mim é a natureza". Ela preferia seu jardim às igrejas.

Assim como Dona Júlia, a Sra. Wood também havia enfrentado doenças graves. Dona Júlia, porém, quando Bel a conheceu, queria morrer; a Sra. Wood, ao contrário, nem queria falar da morte. Fosse por medo ou pela simples vontade de viver, a morte não estava em seus planos.

Durante o tempo em que fiquei com ela – três anos e três meses –, ela quase faleceu quatro vezes, devido a crises provocadas pela doença cardíaca congênita agravada pela diabete. Duas vezes foi parar no hospital e duas vezes enfrentou a crise em casa. Apesar desse histórico médico, não admitia a possibilidade de sua morte.

Seis meses depois que a conheci, ela adotou uma linda gata preta e branca, com os pelos longos e sedosos e um rabo quase de seu tamanho. A Sra. Wood chamava-a de Penny, em homenagem à rainha Penélope da *Odisseia* de Homero. Ela estava absolutamente apaixonada pela gata, e passava horas com ela no colo, acariciando-a. Há pesquisas científicas que comprovam que os animais prolongam a vida dos idosos. É verdade!

Todo fim de ano, a Sra. Wood sofria de melancolia devido à saudade que sentia do marido. No dia de Ação de Graças, um mês antes do natal de 1999, ela piorou. O seu coração estava fazendo muito esforço para o corpo funcionar. Fazia dois anos que a Sra. Wood usava oxigênio 24 horas por dia, administrado por um tubo plástico por via nasal.

A Sra. Wood tinha fama de exigente, e chegava a ser rude com as pessoas devido às suas expectativas e intolerância. Com o passar dos anos, ela foi se tornando mais mansa e doce, de bom humor e até engraçada, ao contrário do que muitas vezes acontece com as pessoas que envelhecem, que se tornam mal-humoradas e rancorosas.

Precisei de três anos para alcançar o grau de intimidade que conquistei com ela. Nas noites de frio, quando eu a colocava na cama, ela me dizia: "Entre na cama para me esquentar". Só em sua última semana de vida, eu me senti confortável para fazer isso. Até então, eu lhe fazia massagens e era carinhosa com ela.

Com a rápida perda da memória e o frágil estado de saúde, a Sra. Wood precisava de ajuda para quase tudo. Com a dependência, veio a gratidão pela ajuda que recebia. Apesar de estar sofrendo bastante fisicamente, ela nunca reclamava. Encarava as dificuldades com graça, dignidade e humor. Um dia, quando a amparava para que ela pudesse andar, me disse: "Annelise, estou mais desajeitada que uma vaca de muletas...".

Finalmente, a Sra. Wood tocou no assunto da morte e me pediu que estivesse ao seu lado no momento de sua passagem. Uma semana antes do Natal, percebi que esse dia poderia estar se aproximando. Cancelei meus planos de viajar para ver minha família e decidi ficar ao seu lado o máximo de tempo possível.

No dia 20 de dezembro, a Sra. Wood começou a ter, a cada dez minutos, crises de *grand maul,* similares aos ataques epilépticos.

Fiquei ao seu lado dizendo: "Relaxe, respire devagar, eu te amo..." Era verdade: eu tinha chegado a amar essa mulher inteligente, meiga, carinhosa e engraçada. Falei com ela sobre a morte e sobre seu marido, do qual sentia muita saudade, e ela reagiu com ataques. Ela negava que sentia medo, mas esse ataque *grand maul* tinha sido uma reação imediata à palavra *morte.* Fiquei ao lado da cama, fazendo o que podia para amenizar os ataques.

Depois de algumas horas eu disse à Sra. Wood que ela devia estar exausta e com vontade de dormir. Era como se só faltasse uma permissão para ela cair num sono profundo. A outra assistente chegou às 21h. Tomei um banho, fiz um lanche e depois me deitei por uma hora. Levantei logo, porque preferi ficar perto da Sra. Wood, que tinha voltado a ter ataques. Eu disse à outra assistente que ela podia ir dormir, e fiquei com a Sra. Wood, acariciando-a e falando palavras tranquilizadoras, pois os ataques a tinham assustado. Fiquei ao seu lado até as duas horas da manhã, sentada em uma cadeira com o corpo dobrado para poder segurá-la durante os ataques. Já estava tão exausta e desconfortável, que resolvi deitar na cama atrás dela, amparando-a. Continuei a acariciá-la e encorajá-la a relaxar durante os ataques frequentes.

Mais uma hora se passou. Foi quando tive uma forte vivência de ampliação de consciência: vi uma gaiola dourada com um pássaro na área do coração da Sra. Wood. Era como se seu espírito quisesse se libertar.

Quando estou passando por momentos intensos, com frequência entro em um estado meditativo profundo em que tenho visualizações. Por meio delas absorvia e descarregava a tensão física da Sra. Wood. Esse processo se repetiu três vezes, durante uns 45 minutos.

Na segunda vez em que eu estava absorvendo a tensão da Sra. Wood, vi uma imagem da Virgem Maria com o Menino Jesus, no estábulo. Entre os animais, havia um burro com orelhas grandes. Essa imagem serviu para mim como uma mensagem sobre a importância de escutar com sensibilidade, humildade e atenção. Em seguida, vi Maria com Jesus na forma de luz branca e brilhante. Minhas orações pela paz da Sra. Wood e do mundo foram potencializadas pelo campo energético do Natal, gerado por milhões de pessoas ligadas ao nascimento de Jesus.

Com a última imagem tive um choque energético causado por uma mudança psíquica. Saí então do estado de transe. Senti que tinha cumprido minha missão. Eram 4h30 da madrugada e a Sra. Wood estava em um sono profundo e tranquilo. Os ataques cessaram até as 22h do dia seguinte. Na noite seguinte, deitei novamente na cama da Sra. Wood. Acompanhei os ataques, ao seu lado, durante quatro horas. O fato de eu estar tão próxima fisicamente era um grande conforto para ela. Eu lhe dizia coisas confortantes durante os ataques, e, para auxiliá-la a relaxar, eu respirava fundo e devagar. Cada inspiração minha correspondia a quatro dela. De novo os ataques cessaram e ela dormiu.

Na minha última visualização, vi uma imagem de uma mão aberta muito velha, gasta pela idade, pelo sol e pelo trabalho, como a mão de uma índia anciã. Ao mesmo tempo, do lado esquerdo, apareceu uma imagem de Jesus contornado por rochas azuis. Naquela noite, a Sra. Wood recuperou a clareza mental que havia perdido nos últimos meses. Às 23h30, ela começou a respirar pausadamente mas com rapidez, e os ataques recomeçaram. De madrugada deitei na cama ao seu lado. Quando me levantei para pegar o travesseiro que estava na cama ao lado, ela gemeu como que dizendo "não me deixe". "Já volto", assegurei. Peguei então o travesseiro, em que havia pingado algumas gotas de lavanda, para acalmar, e de olíbano, para facilitar a ligação espiritual, e o coloquei ao lado da cabeça da Sra. Wood. Deitei-me e disse a ela: "Está tudo bem, relaxe, tudo está como deve estar".

Seu coração batia descompassadamente, como se uma guitarra estivesse tocando uma música louca dentro de seu corpo. Em seguida, por alguns segundos, não senti mais seu coração bater. Depois, ouvi de novo a dança louca das cordas elétricas, e nada mais.

A parte inferior de seu abdômen expandiu quando ela deu uma expiração, seguida de quatro pequenas inspirações. Depois da sua morte fiquei ao seu lado por mais quinze minutos, falando com ela para confortá-la e auxiliá-la a reconhecer que tinha morrido. Adeus, Sra. Wood, amiga doce e querida, com quem aprendi tantas coisas belas e importantes. Penny, a gata, mora agora comigo. Lembro com carinho e gratidão o tempo que passei ao lado dessa digna senhora.

Quando a Morte é Vista com Naturalidade

CASO PEDRO, PAI DE CARLA

Em agosto de 1996, fui à casa de Carla visitar seu pai, Pedro, com 88 anos, que estava com câncer na próstata. Eram seus últimos dias de vida. Carla acompanhava com calma e dedicação o processo da morte de seu pai. Com o apoio de seu marido, havia criado todas as condições para que seu pai falecesse em casa.

Havia quatro dias que não ingeria mais líquidos. Corpo quente, mãos quentes e pés frios. Carla e eu ficamos conversando em voz baixa, num sofá ao lado da cama de Pedro, que estava inconsciente há dois dias. Ela contava os momentos alegres vividos com seu pai. Enquanto isso, eu imaginava como ele deveria ter sido no seu cotidiano – um homem dinâmico, bem-humorado e decidido. Ao final, Carla reconheceu que essas qualidades positivas de seu pai a inspiravam agora a viver esse difícil momento de separação.

Naquela noite sonhei que deitava a minha cabeça no colo de uma vidente, careca e gorda. Na sua barriga, eu via passar uma sequência de palavras escritas em néon: *mãe - pai - irmão - mãe - pai – irmão*. Essas palavras tinham o poder de purificar meus antigos medos e dores. Num certo momento, quando li a palavra *pai*, comecei a chorar e a vidente me consolava dizendo que eu podia sempre contar com ela.

Acordei às seis horas da manhã. Ainda zonza e tocada pelo sonho, reconheci que havia sentido com Carla e seu pai o mesmo acolhimento e ternura vivenciados com a vidente. As mesmas condições que ajudaram Carla a permanecer ao lado de seu pai, aceitando sua separação, haviam me ajudado a curar meus antigos medos e dores remanescentes da perda de meu pai, falecido em 1977.

Estar ao lado de quem está morrendo pode despertar uma experiência interna muito profunda e curadora. Muitas vezes nem nos damos conta de como nossa psique foi atingida. Mais tarde, então, os sonhos nos revelam o que se passa em nosso mundo interior. *"Todos nós curamos uns aos outros"*, diz Rachel Remem Naomi, médica norte-americana que trabalha há mais de 20 anos na área de psico-oncologia. *"A realidade é que a cura acontece entre pessoas. A ferida em mim desperta o curador em você. A ferida em você desperta o curador em mim, e aí os dois curadores colaboram"*, revelou ela ao jornalista Bill Moyers no livro *A Cura e a Mente* (Rocco).

Pedro faleceu às seis horas da manhã, em silêncio, quando Carla saiu do seu lado, apenas por um instante, para atender ao telefone. Carla me telefonou, às oito horas da manhã, para contar que seu pai havia então falecido. Ela me agradecia pelo apoio, e eu lhe agradecia pela rara oportunidade que havia me oferecido de contemplar a morte com aceitação e acolhimento. Quando nos abrimos para acolher a dor dos outros, acolhemos a nossa própria dor.

COMENTÁRIO

Dra. Marlene Nobre

Médica ginecologista, presidente das Associações Médico Espírita do Brasil e Internacional, diretora da Folha Espírita, presidente do Grupo Espírita Caibar Shutel e Lar do Alvorecer, autora dos livros: Lições de Sabedoria, A Obsessão e suas Máscaras, Nossa Vida no Além *e* O Clamor da Vida *(todos da editora FE).*

Os instantes finais da vida de Pedro fizeram-me lembrar de vários momentos descritos em meu livro *Nossa Vida no Além* (FE).

Logo que comecei a ler o texto, causou-me impacto a frase: "Havia quatro dias que Pedro não ingeria mais líquidos". Este é um sintoma comum entre os doentes terminais, um dos sinais que antecedem sua partida. Mas a causa que poderia parecer de exclusiva origem orgânica reflete, na verdade, uma profunda necessidade da alma, no momento do seu desprendimento.

Em 1958, o espírito do médico André Luiz explicou o processo do morrer (*Evolução em Dois Mundos,* FEB) numa excelente coletânea psicografada pelo médium Francisco Cândido Xavier. Com muitos exemplos de fácil entendimento, André Luiz compara esse processo a uma metamorfose, como a que acontece com as borboletas. Acompanhando de perto esse processo, fica mais fácil entender o que aconteceu com Pedro e muitos outros pacientes, nesses momentos que antecedem a morte.

No estágio final da metamorfose, a lagarta começa a diminuir os seus movimentos, até paralisá-los completamente. Sua digestão fica paralisada e ela não consome mais nenhum tipo de alimento. Ela permanece imóvel, transformando-se em crisálida ou pupa. Fica, assim, dentro do casulo, protegida das intempéries pelos fios que produz com a secreção das glândulas salivares e pelos tecidos vegetais e pequenos gravetos do meio ambiente. Nesse estado, pode ficar alguns dias e até meses.

Na posição de crisálida, o organismo da lagarta sofre modificações consideráveis, com a destruição de determinados tecidos (histólise) e, ao mesmo tempo, a elaboração de órgãos novos (histogênese). Os sistemas digestivo e muscular sofrem as alterações de cunho degenerativo, reconstruindo-se, depois, em bases novas. Nessa reconstrução (histogênese), formam-se novo orifício bucal e trompas de sucção e os músculos estriados são substituídos por órgãos novos. Assim, um belo dia, uma linda borboleta deixa o casulo. Na morte física, a alma humana passa por um processo semelhante.

Com o esgotamento da força vital, em virtude da idade avançada, da enfermidade ou por algum outro fator destrutivo externo, declinam as forças fisiológicas, paralisam-se os movimentos corpóreos e o paciente, em estado terminal, não mais tolera a alimentação. A imobilização lembra o estágio de pupa ou crisálida.

E assim como a lagarta produz os filamentos com que se enovela no casulo, também a alma envolve-se nos fios dos próprios pensamentos. Nessa fase, há o predomínio das forças mentais, tecido com as próprias ideias reflexas dominantes do Espírito, estabelecendo-se esse estado de crisálida, por um período que varia entre minutos, horas, dias, meses ou decênios.

Com a morte, há destruição dos tecidos corpóreos (histólise) e, ao mesmo tempo, uma reconstrução (histogênese) de alguns tecidos do corpo espiritual ou envoltório sutil. Este é em tudo semelhante ao corpo físico só que constituído de outro tipo de "matéria", ainda desconhecido da ciência, e que serve de vestimenta ao Espírito, na outra dimensão da vida. Assim, durante o processo do morrer, há elaboração de órgãos novos, resultantes de grandes alterações dos sistemas digestivo e muscular, além de outras modificações nos sistemas circulatório, nervoso e genésico. Desse modo, pela histogênese espiritual, órgãos novos recompõem esse envoltório sutil, tornando-o um tanto diferente do corpo físico, embora, na aparência, sejam idênticos. Por serem externamente tão similares, os médiuns videntes descrevem os chamados "mortos" tal como se apresentavam durante a existência física.

Somente ao término desse processo de reconstituição do corpo espiritual, a borboleta abandona o casulo, isto é, o Espírito larga o corpo físico, ao qual se uniu, temporariamente, durante a existência física e que lhe serviu de sagrado instrumento de aprendizado.

Como se vê, segundo o espiritismo, morrer é fácil, mas o processo de desencarnação é mais difícil. Após a morte física, o Espírito ainda tem um lapso de tempo, mais ou menos longo, para desprender-se totalmente dos liames da existência terrestre, segundo o estágio evolutivo em que se encontra.

Observei outro dado interessante na descrição de Bel do estado de Pedro: "Corpo quente, mãos quentes e pés frios". Este quadro é indicativo de que, de certa forma, o desligamento já se processava.

Aprendemos com os Instrutores Espirituais que existem três regiões orgânicas fundamentais que merecem todo cuidado nos serviços de liberação da alma: 1) O centro vegetativo, ligado ao ventre, onde fica a sede das manifestações fisiológicas; 2) O centro emocional, sediado no tórax, a zona dos sentimentos e desejos; 3) O centro mental, situado no cérebro, sede da alma e o mais importante.

No livro *Obreiros da Vida Eterna* (FEB), André Luiz descreve vários casos de desencarnação, mostrando como os desligamentos dos centros acontecem.

No caso Dimas, por exemplo, os Espíritos Superiores responsáveis pelo desligamento – existem equipes especializadas nessa tarefa complexa – iniciaram o processo, desatando, através de passes, os laços do centro vegetativo. Então, os membros inferiores esticaram-se com sintomas de esfriamento; depois, na altura do tórax, sempre através de passes, soltaram os elos que mantinham a coesão celular, operando em determinado ponto do coração, desligando o centro emotivo e, finalmente, atuando sobre a fossa romboidal, dentro do cérebro, onde a alma tem sua sede corpórea, desataram os nós que retinham uma certa chama violeta-dourada, liberando, então, o centro mental.

A partir daí, como descreve o Instrutor Espiritual: "Dimas-desencarnado elevou-se alguns palmos acima de Dimas-cadáver, apenas ligado ao corpo através de leve cordão prateado, semelhante a sutil elástico, entre o cérebro de matéria densa, abandonado, e o cérebro de matéria rarefeita do organismo liberto".

De fato, Dimas morrera inteiramente, mas a operação ainda estava incompleta. Como já afirmamos, a morte física é relativamente simples, mas a desencarnação envolve um processo muito mais complexo. O liame fluídico ou cordão de prata permaneceu até o dia imediato e só foi cortado cerca de duas horas antes do sepultamento.

No *O Livro dos Espíritos* (FEB), Allan Kardec já ressaltava que a extinção da vida orgânica acarreta a separação da alma, em consequência do rompimento do laço fluídico que a une ao corpo. Mas esse desprendimento nunca é brusco e só se completa quando não mais resta um átomo do perispírito (corpo sutil) unido a uma molécula sequer do corpo.

O Codificador da Doutrina Espírita referia-se também ao número de pontos de contato existentes entre o corpo e o perispírito, sendo estes os responsáveis pela maior ou menor dificuldade na separação. Se a união permanecer, a alma poderá sentir a decomposição do próprio corpo, como frequentemente acontece nos casos dos suicidas. Na morte natural, resultante da extinção das forças vitais por velhice ou doença, a separação é gradual: para aquele que se desmaterializou durante a própria existência, completa-se antes da morte real; para o homem materializado e sensual, cujos laços com a matéria são estreitos, é difícil, podendo durar "algumas vezes dias, semanas e até meses". Na morte violenta, o desprendimento só começa depois que ela se efetiva, e não se completa rapidamente (*O Livro dos Espíritos,* FEB).

Outro ponto a meditar no texto: "Pedro faleceu duas horas depois, em silêncio, quando Carla saiu do seu lado, apenas por um instante, para atender ao telefone".

Aprendemos nos textos psicografados por Chico Xavier que os Espíritos responsáveis pelo desligamento promovem a retirada dos familiares, sobretudo daqueles que são mais afins, porque, de certa forma, o amor dos entes queridos prende a alma à existência terrestre, dificultando a liberação. Carla precisou ser retirada, ainda que por poucos instantes, para que o desligamento se desse inteiramente.

Um outro ponto a ser considerado, na desencarnação de Pedro, é o estado de inconsciência. Allan Kardec, em *O Livro dos Espíritos*, explica que, na transição da vida corporal para a espiritual, produz-se um fenômeno de perturbação considerado como estado natural. "Nesse instante, a alma experimenta um torpor que paralisa momentaneamente as suas faculdades, neutralizando, ao menos em parte, as sensações. É por isso que ela quase nunca testemunha conscientemente o derradeiro suspiro". Quando sai desse estado, o Espírito pode ter um despertar calmo ou agitado, dependendo do tipo de sono no qual se envolveu. Tudo indica que Pedro já se beneficiava desse estado de torpor, o que favorece o desligamento.

Finalmente, destacamos o ambiente de paz no processo de desprendimento de Pedro e a verdade da premissa budista: morremos da mesma maneira que vivemos.

"A causa principal da maior ou menor facilidade de desprendimento é o estado moral da alma", afirma Kardec.

Influem, portanto, no processo de desencarnação: o número de encarnações já vividas, as conquistas mentais ou o patrimônio no campo da ideação, os valores culturais, o grau de apego aos bens terrenos, enfim, as qualidades morais e espirituais que constituem seu patrimônio.

Em última análise, o desprendimento dos afetos e bens terrenos não depende, fundamentalmente, da maior duração da existência, mas, prioritariamente, da preparação do Espírito para a Vida Nova. E esta preparação para a morte incluiria todo um programa existencial: fé ativa, aceitação da vontade divina nos lances da existência, desprendimento dos bens terrenos, busca da expansão do amor, na vida diária.

É por isso que não existe uma desencarnação igual a outra, do mesmo modo que não há Experiências de Quase Morte (EQM) idênticas, porque os seres humanos têm evolução espiritual muito diferentes entre si.

As pesquisas feitas por médicos e psicólogos sobre as pessoas que foram declaradas clinicamente mortas e voltaram a viver mostram que há um "programa" no processo do morrer que, em linhas gerais, é igual para todos os seres viventes.

A proximidade da morte física simplesmente detona a abertura desse "programa", que se desdobra, então, em estágios definidos, mas cuja duração varia em graus muito diversificados, porque depende da aquisição evolutiva de cada ser.

Segundo as pesquisas do Dr. Kenneth Ring, psicólogo social da Universidade de Connecticut (EUA), *a maioria das experiências do limiar da morte parecem se desdobrar de acordo com um único padrão, quase como se a perspectiva de morte servisse para liberar um 'programa' armazenado comum de sentimentos, percepções e experiências".*

Realmente, com o estudo da obra de Kardec e de mais de 500 mensagens espirituais, recebidas através do médium Chico Xavier, pude constatar que há, de fato, um "programa" para o morrer, que envolve vários estágios: torpor ou sono profundo; recapitulação ou hipermnésia *post-mortem*; desligamento dos três centros orgânicos: vegetativo, emotivo e mental, com os fenômenos de histólise e histogênese; e a permanência, por tempo variável, do cordão de prata, ligando o cérebro "morto" ao cérebro do Espírito já desprendido.

Todos esses estágios estão entrelaçados, não se podendo definir ao certo quando começa um e termina o outro. Sabemos, no entanto, que somente o desligamento do cordão fluídico ou prateado determina a separação definitiva do Espírito do corpo físico.

Mas a conclusão mais importante do nosso estudo sobre a morte foi a constatação da realidade da transitoriedade e impermanência. Lembramo-nos, então, mais vivamente de um texto de Blaise Pascal, que faz parte de *O Evangelho Segundo o Espiritismo* (FEB):

"O homem não possui de seu senão o que pode levar deste mundo. O que encontra ao chegar, e o que deixa ao partir, goza durante sua permanência na Terra; mas, uma vez que é forçado a abandoná-lo, dele não tem senão o gozo e não a posse real. Que possui ele, pois? Nada daquilo que é para uso do corpo, tudo o que é de uso da alma: a inteligência, os conhecimentos, as qualidades morais; eis o que traz e o que leva, o que não está no poder de ninguém

lhe tirar, o que lhe servirá mais ainda no outro mundo do que neste; dele depende ser mais rico em sua partida do que em sua chegada, porque daquilo que tiver adquirido em bem depende sua posição futura".

Para muitos, as informações dos Espíritos, endereça-das de uma perspectiva diferente, "de lá" "para cá", pare-cem contos da carochinha, bem distantes da realidade tangível. Faz um século, porém, que a matéria deixou de ser trincheira inexpugnável, apresentando-se, hoje, como "cordas" tangidas por energias sutis; desacreditando, de certo modo, aqueles que se aferram às suas realidades tangíveis, fixados em redutos inflexíveis.

Com os missionários de todas as religiões, aprende-mos que o egoísmo é o maior obstáculo à preparação da alma para "o outro lado". Na verdade, o título religioso importa pouco. A ênfase maior deve ser dada à vivência do amor na vida diária, tal como ensina a maioria das tradições espirituais em nosso mundo.

Se os seres humanos discutissem mais os assuntos da vida e da morte, procurando encarar, com naturalida-de, as questões da sobrevivência, veríamos diminuir os caminhos da violência nas trilhas do mundo. Por isso, gostaria de incentivar bastante o trabalho da Bel junto aos pacientes que enfrentam a morte. Espero que o seu exemplo incentive o surgimento de outras pessoas nesse serviço, para que mais almas possam ser beneficiadas neste nosso planeta, ainda tão carente de espiritualidade.

Morrer com Dignidade

CASO CARLOS

Em agosto de 1996, Marta pediu-me que fosse visitar seu pai, Carlos, que estava internado no hospital. Havia três anos que sofria de esclerose lateral amiotrófica, uma doença degenerativa que provoca um enfraquecimento progressivo dos músculos. À medida que atinge os pulmões, compromete a capacidade respiratória e ameaça a sobrevivência.

Estava triste e cansado. Disse que, apesar de seu estado grave, não pensava que estivesse perto de morrer. Carlos não manifestou vontade de conversar, mas mostrou-se disposto a fazer um relaxamento através de visualizações e música. Senti Carlos muito tenso, sobrecarregado por suas responsabilidades. Então, pensei em algo que pudesse ajudá-lo a se soltar e sentir-se mais leve. Sugeri que ele se imaginasse como um astronauta, movendo-se livremente no espaço. Ao finalizar, disse que se sentia bem mais relaxado, mas que sentia muito desconforto em lidar com sua fragilidade física e emocional.

Procurei dizer a ele que esse desconforto era compreensível numa pessoa que estava habituada a ser forte e a ter o domínio das situações. Carlos se animou quando disse a ele que poderia retomar o comando de seu mundo interno, apesar de não poder controlar a situação externa.

Marta já me havia advertido que seu pai resistiria em continuar as sessões, pois não estava familiarizado com a ideia de abrir-se com um psicólogo. Ela tinha razão. Só voltei a revê-lo em outubro – no mesmo dia em que veio a falecer.

Ainda consciente, sofria muito com a máscara de oxigênio que o mantinha vivo. A força de sucção da máscara havia ferido gravemente o seu nariz. Mas uma vez que a máscara supria a sua capacidade pulmonar, não havia como tirá-la. Caso fosse retirada, os médicos disseram que ele morreria em cinco minutos de asfixia pulmonar. A sua agonia e a de seus familiares era grande.

Havia duas alternativas: entubá-lo na UTI ou sedá-lo, aplicando doses de morfina a cada quatro horas, para que ele pudesse morrer sem dor nem asfixia.

Durante todo o dia estive junto com os familiares compartilhando esse momento de impasse. Carlos estava com um olhar assustado e todas as minhas tentativas de ajudá-lo a se recolher internamente foram inúteis. Percebi que minha presença era mais útil quando voltada para ajudar a relaxar e harmonizar a tensão familiar. Como Marta também é uma praticante de Autocura Tântrica NgelSo, juntas meditamos em silêncio, ao lado de Carlos.

A meditação nos ajudou a enfrentar o desafio de permanecer ali presentes, olhando com abertura e coragem para uma situação tão difícil.

Finalmente a família decidiu-se por sedá-lo. Antes, porém, enquanto ele ainda estava consciente, um a um de seus familiares quis entrar no quarto e despedir-se dele.

À noite, quando Carlos já estava inconsciente, a pedido da família, fiz com Marta a prática de Autocura Tântrica NgelSo junto dele.

Em seguida, um a um expressou em voz alta mensagens de adeus e agradecimento a Carlos. Criou-se um ambiente de harmonia e calma.

O médico nos avisou que o tempo para que ele falecesse era imprevisível, porém que provavelmente não viveria por mais de 24 horas. No dia seguinte soube que ele falecera meia hora depois que todos foram embora.

Fiquei com a sensação de que Carlos não esperava morrer e que ficou sem ter dito e vivido tudo o que queria. Às vezes sentimos isso em vida, quando nos separamos de pessoas que se vão sem explicações. São situações em que temos de aceitar o fato de que não pudemos dizer tudo o que gostaríamos. Admitir que não temos controle sobre a vida torna-se, então, um alívio.

COMENTÁRIO

Padre Léo Pessini

Padre camiliano, diretor do Instituto de Pastoral da Saúde e Bioética, vice-diretor geral das Faculdades Integradas São Camilo. Foi durante treze anos o capelão do Hospital das Clínicas da Faculdade de Medicina da Universidade de São Paulo. É um estudioso da bioética e autor de três livros: Problemas atuais de Bioética *(Loyola)*, Fundamentos da Bioética *(Paulus)*, Eu Vi Tancredo Morrer *(edição do autor).*

Buscamos incansavelmente a felicidade de viver plenamente com dignidade e não apenas de sobreviver. Fazemos de tudo para combater a doença, a dor, o sofrimento e vencer a própria morte. Estamos cada vez mais aparelhados com fantásticas inovações tecnológicas para essa empreitada e prevê-se transformações ainda mais profundas para esse milênio. Num momento de "ilusão utópica" chegamos até em acreditar que a realidade do morrer não faz parte de nosso existir – pensamos e agimos como se fôssemos imortais.

Ousamos apontar aqui alguns aspectos éticos importantes, ligados ao fim da vida e ao acompanhamento e cuidado do paciente terminal, isto é, do doente fora de possibilidades de cura. Esses aspectos estão relacionados a quatro pontos principais: cuidar do sofrimento, o modelo de cuidar e curar, a importância dos cuidados paliativos e a dignidade de morrer ligada ao viver com dignidade.

Escutamos frequentemente os doentes terminais dizerem que eles não têm tanto medo de morrer, mas sim de sofrer. O que eles temem na verdade é o processo do morrer, especialmente a dependência, impotência e dor que geralmente estão associadas à doença terminal. Enquanto a dor física é a fonte mais comum do sofrimento, o sofrimento ligado ao morrer vai além do nível físico, atingindo a totalidade do ser humano.

A diferença entre dor e sofrimento tem um grande significado quando lidamos com pacientes terminais. A dor sem explicação geralmente se transforma em sofrimento. O sofrimento é uma experiência humana profundamente complexa, em que intervêm a identidade e subjetividade da pessoa assim como valores socioculturais e religiosos. Um dos principais perigos em negligenciar esta distinção é a tendência dos tratamentos se concentrarem somente nos sintomas e dores físicas, como se somente esses fossem a única fonte de angústias e sofrimentos para o paciente. É a tendência de reduzir o sofrimento a um simples fenômeno físico que pode ser dominado por meios técnicos. Além disso, nos permite continuar agressivamente com tratamentos fúteis, na crença de que, enquanto o tratamento protege os pacientes da dor física, ele protege de todos os outros aspectos também. A continuação de tais cuidados pode simplesmente impor mais sofrimentos para o paciente terminal.

O sofrimento tem de ser cuidado em suas quatro dimensões fundamentais: a) *dimensão física*: no nível físico, a dor funciona como um claro alarme de que algo não está bem no funcionamento normal do corpo; b) *dimensão psíquica*: surge frequentemente no enfrentar a inevitabilidade da morte. Perdem-se as esperanças e sonhos, com a necessidade de redefinir o mundo que está para deixar; c) *dimensão social*: é a dor do isolamento, que surge do fato de ser obrigado a redefinir relacionamentos e necessidade de comunicação; d) *dor espiritual*: surge da perda do sentido, objetivo de vida e esperança. Todos necessitam de um horizonte de sentido – uma razão para viver e uma razão para morrer. Em pesquisas recentes nos Estados Unidos, descobriu-se que o aconselhamento sobre questões espirituais está situado entre as três necessidades mais solicitadas pelos doentes terminais e familiares. O cultivo dessa perspectiva holística é fundamental ao proporcionar cuidados dignos!

A medicina não pode afastar a morte indefinidamente. A morte finalmente acaba chegando e vencendo. A pergunta fundamental não é *se* vamos morrer, mas *quando* e *como* teremos que enfrentar essa realidade. Quando a terapia médica não consegue mais atingir os objetivos de preservar a saúde ou aliviar o sofrimento, tratar para curar torna-se uma futilidade ou um peso e mais do que prolongar vida prolonga-se agonia. Surge, então, o imperativo ético de parar o que é inútil e fútil, intensificando os esforços no sentido de proporcionar mais que quantidade, qualidade de vida frente ao morrer.

O paradigma do cuidar nos permite, realisticamente, enfrentar os limites de nossa mortalidade com uma atitude de serenidade. É a ação que se centra mais na *pessoa doente* do que na *doença da pessoa*. Cuidar não é o prêmio de consolação pela cura não obtida, mas é parte integral do estilo e projeto de tratamento da pessoa a partir de uma visão antropológica holística. É aqui que podemos então falar da saúde do doente terminal.

Pode até parecer estranho e contraditório falarmos em saúde do paciente terminal. Entendemos comumente saúde negativamente, como ausência de doença. Necessitamos reavaliar nossa visão e atitude, entendendo-a como bem-estar físico, mental, social e espiritual. Nessa direção abrem-se novos horizontes para a compreensão e cuidado do doente terminal em ter seus últimos preciosos dias de vida humanizados.

A ação de cuidar é multidisciplinar, procurando-se promover o *bem-estar físico*, cuidando de sua dor e sofrimento; seu *bem-estar mental*, ajudando-as a enfrentar suas angústias, medos e inseguranças; seu *bem-estar social*, garantindo suas necessidades socioeconômicas e relacionais de ternura, e seu *bem-estar espiritual*, pela vivência solidária e apoio nos valores de fé e esperança. Programas institucionais já começam a operacionalizar essa visão.

Ganha sempre maior apreciação, aceitação e viabilização prática na área da saúde, principalmente nos países mais desenvolvidos, a visão de que a medicina paliativa (cuidados paliativos, *hospices*) constituem a resposta que permite aos doentes terminais morrer com dignidade. Antigamente se morria em casa. A morte era esperada no leito, e o doente era o protagonista de todo o cenário, cercado de parentes, vizinhos, amigos e até crianças. Havia uma aceitação dos ritos religiosos, que eram cumpridos sem dramatização. A morte era algo familiar, próxima, e a pessoa sabia que estava morrendo. Hoje a morte é escondida, vergonhosa, como fora o sexo na era vitoriana. É como se dissesse: "desculpem nossa falha técnica". A boa morte atual é a morte repentina, que era mais temida na antiguidade, isto é, morrer, sem perceber que se está morrendo.

A medicina paliativa afirma vida e encara o "estar morrendo" como um processo normal e dá a chance para a pessoa viver a própria morte. Enfatiza o controle da dor e dos sintomas objetivando melhorar a qualidade de vida, antes de tentar curar uma doença incurável ou estender quantidade questionável de "vida". O objetivo dos cuidados paliativos é permitir aos pacientes e a suas famílias viver cada dia plena e confortavelmente tanto quanto possível e assistir ao lidar com o *stress* causado pela doença, morte e luto. A abordagem é multidisciplinar, enfocando as necessidades físicas, emocionais, espirituais e sociais dos pacientes e familiares como um todo. A equipe de saúde consiste de médicos, enfermeiras, assistentes sociais, voluntários e conselheiros pastorais que trabalham juntos. O seguimento e aconselhamento da família enlutada é também levado muito a sério no entendimento de que a morte não é problema para quem parte, mas para quem fica! Dignidade de viver e morrer!

Não somos doentes e nem vítimas da morte. É saudável sermos peregrinos. Não podemos passivamente aceitar a morte que é consequência do descaso pela vida, causada pela violência, acidentes e pobreza. Frente a este contexto é necessário cultivar uma santa indignação ética. Podemos ser curados de uma doença classificada como mortal, mas não de nossa mortalidade. Quando esquecemos isso, acabamos caindo na tecnolatria e na absolutização da vida biológica pura e simplesmente (vitalismo biológico). Insensatamente procuramos a cura da morte e não sabemos mais o que fazer com os pacientes que estão se aproximando do adeus à vida. É a obstinação terapêutica (distanásia) adiando o inevitável, que acrescenta somente sofrimento e vida quantitativa mais que qualidade de vida.

Nasce uma sabedoria a partir da reflexão, aceitação e assimilação do cuidado da vida humana no adeus final. Entre dois limites opostos, de um lado a convicção profunda de não matar, de outro, a visão para não encompridar ou adiar pura e simplesmente a agonia e a morte. Ao não matar e ao não maltratar terapeuticamente, está o amarás... É um desafio difícil aprender a amar o paciente terminal sem exigir retorno, com a gratuidade com que se ama um bebê, num contexto social em que tudo é medido pelo mérito!

O sofrimento humano somente é intolerável se ninguém cuida. Como fomos ajudados para nascer, precisamos ser ajudados também para morrer. Ajudar fundamentalmente é sermos companheiros *solidários* nesta hora crítica da vida. É o que o relato da partida de Carlos nos ensina.

O Encontro com o Sagrado no Momento da Morte

CASO VERA

Em maio de 1997, a pedido da sua médica, fui ver Vera, que sofria de câncer, num estágio avançado. Estava paralítica havia dois meses, devido a metástase nos ossos. Vera havia solicitado ajuda psicológica e espiritual.

Quando cheguei ao hospital, não sabia o que iria encontrar. Ao entrar no quarto, vi Vera encolhida sobre a cama. Seu olhar transmitia medo, dor e incompreensão. Assim que cheguei, pegou em minha mão afetuosamente.

Vera disse que precisava de ajuda. Tinha medo de não se recuperar e de não poder viver a vida que estava esperando por ela. Agora percebia o quanto havia se dedicado aos outros, esquecendo-se de si mesma. Mas ao mesmo tempo que reclamava era muito doce.

Sua intenção de se recuperar era totalmente incoerente com o estado físico de seu corpo. Fiquei chocada ao perceber que ela não se dava conta disso. Então, lhe disse: "Vera, enquanto você falava, senti uma energia muito carinhosa. Você reconhece que tem essa energia?".

Olhou-me surpresa como quem não sabia do que eu estava falando. Então, disse-lhe para fechar os olhos e sentir sua própria energia de amor, enquanto eu cantaria para ela. Com um olhar infantil, como o de uma criança que aceita ir para a cama porque a mãe diz que vai contar uma história, fechou os olhos. Cantei alguns mantras como uma cantiga de ninar, depois fiquei em silêncio. Ainda de olhos fechados, me disse: "Eu vi uma monja andando numa estrada com roupas longas. De repente ela não podia mais andar – não ia nem para frente nem para trás". Então lhe respondi: "Vamos cuidar das pernas dela!".

Disse-lhe que continuasse a fazer a visualização, e que eu continuaria a cantar. Fui até seus pés e os massageei. Sugeri que ela agora imaginasse como uma pessoa anda quando está satisfeita.

Iniciei uma prática de purificação entoando as sílabas *Eh Yam Ram Lam Bam*. Segundo o budismo tibetano, esses são os sons primordiais dos cinco elementos – terra, fogo, água, ar e espaço –, que formam o universo. Para que nossa energia física, mental, emocional e espiritual possa atuar positivamente, esses elementos não podem estar poluídos e desgastados. Mas, conforme envelhecemos, eles perdem naturalmente a sua força.

No processo da morte, todos os elementos que integram o nosso corpo e mente são removidos e desintegram-se. Como, geralmente, os cinco que nos formam estão impuros, vivemos esse processo de desintegração com muito sofrimento físico e mental. Mas, se passarem por uma purificação, podemos viver esse processo de forma mais gentil e suave. Como Gangchen Rinpoche nos diz: "O corpo pode sofrer com o abalo dessa desintegração, mas a mente pode continuar em paz".

Cada elemento está associado a um estado mental. O elemento terra, por exemplo, quando desequilibrado, causa instabilidade e dúvida. Já o elemento água provoca a sensação de separação e solidão. O elemento fogo em desequilíbrio causa mau humor e apatia. O elemento ar desequilibrado gera ansiedade.

O sistema tântrico de purificação dos elementos trabalha em três diferentes níveis energéticos: o grosseiro, o sutil e o muito sutil. Entoar os sons primordiais, visualizados com as suas cores correspondentes e gestos sagrados, faz parte da prática de Autocura Tântrica NgelSo.

Vera mostrou-se receptiva o tempo todo. Estava concentrada e respirava com regularidade.

Quando me despedi, ela pediu-me várias vezes que eu não deixasse de vir no dia seguinte. Aquela noite Vera dormiu muito bem. Segundo a médica, foi possível diminuir 80% da medicação contra a dor.

Em nosso segundo encontro, conversamos sobre o poder de cura do perdão. Expliquei a ela que perdoar é "deixar sair", desapegar-se do que pesa dentro de nós: ressentimentos e frustrações. Perdoamos a pessoa e não necessariamente a ação que nos magoou. Perdoar é também "deixar entrar" de volta em nosso coração uma pessoa que um dia dele excluímos. Muitas vezes sentimos que excluímos nós mesmos de nosso coração. Perdoar é dar uma nova vida a si mesmo.

Existe uma grande diferença entre sentir ter de perdoar e querer perdoar. Não podemos forçar um sentimento. Esse só pode ser verdadeiro se espontâneo.

Apesar de sonolenta, Vera demonstrou grande interesse em fazer uma meditação dirigida sobre o perdão. Essa meditação dirigida à capacidade de perdoar, elaborada por Stephen Levine, inspira o praticante a trazer à mente a imagem, a ideia de alguém por quem alimente ressentimento. Inicialmente o praticante é encorajado a entrar em contato com o sentimento que surge ao evocar essa imagem. Em seguida, lentamente, irá convidar essa pessoa a passar de sua mente para o seu coração. A meditação inclui também pedir perdão a quem quer que se tenha causado dor, intencionalmente ou não, e a perdoar a si próprio. Quando realizada com sinceridade, essa meditação é uma experiência emocionalmente regeneradora.

Após a meditação, Vera repetiu que se perdoava. Fiquei ao seu lado, em silêncio, segurando sua mão durante um bom tempo. Enquanto escutávamos música, Vera, ainda de olhos fechados, me disse o que veio em sua imaginação. Fiquei surpresa. Ela tinha se visto sozinha com Jesus Cristo num campo de futebol, brincando de jogar pedrinhas num lago. Estimulei sua visualização e disse: "Por que você não aproveita esse momento tão descontraído com Jesus e lhe pergunta o que sempre quis saber?"

Ficamos mais um bom tempo em silêncio, escutando a música e depois fui embora.

Quando telefonei no dia seguinte, a enfermeira me disse que Vera dormia profundamente e que parecia serena. Pedi a ela que me ligasse, caso qualquer coisa lhe chamasse a atenção. Às 19h, ela me chamou para vir. Vera estava muito mal.

Pensei que quando chegasse a encontraria inconsciente. Mas Vera estava acordada, com muita dor e ansiosa. Pedia a todo momento que seus parentes e amigos a ajeitassem na cama. Não encontrava uma posição em que pudesse acomodar seu corpo.

Ao me ver, pediu que eu fizesse alguma coisa. Disse que podíamos fazer a prática de Autocura Tântrica NgelSo, como havíamos feito no dia anterior. Todos ali presentes participaram concentrados. Vera se acalmou e acenava com a cabeça ao ouvir palavras como "paz". Quando parava, por alguns instantes, de cantar, ela voltava a se agitar e repetia a pergunta: "Para onde estou indo?".

O ritmo agitado de pessoas que entravam e saíam do quarto e das enfermeiras que não conseguiam pegar sua veia para injetar a medicação deixava Vera ainda mais ansiosa.

Os amigos e parentes deixavam-se ser levados pela angústia de Vera. Cada um, à sua maneira, queria acalmá-la. Mas agiam ansiosamente e assim aumentavam a inquietação de Vera. Então, pedi a eles que se reunissem ao seu redor e mantivessem a calma.

A um certo momento, a médica me avisou que Vera faleceria dentro de uma hora. Para nossa surpresa, todo esse processo durou ainda mais três horas. Sua respiração se tornava cada vez mais alterada e o batimento cardíaco cada vez mais lento. Coloquei no topo de sua cabeça um creme com as pílulas sagradas abençoadas por Lama Gangchen Rinpoche.

Vera não estava em paz, continuava agitada. Eu sentia que devia fazer alguma coisa diferente, mas não sabia o quê. Por um momento, me concentrei no meu mestre, Lama Gangchen Rinpoche, pedindo por inspiração. Pensei na importância de evocar para ela também a sua figura de fé. Lembrei da visualização em que Vera havia se encontrado com Jesus Cristo. E disse a ela: "Vera, Jesus Cristo está no topo de sua cabeça! E como Ele é lindo!... Você está linda também... Vocês estão brincando de jogar pedrinhas naquele lago... Estão rindo... Sabe, vocês estão cada vez mais parecidos. Você está admirando Jesus Cristo. Vocês dois são uma só luz brilhante".

Enquanto dizia essas frases, fui incentivada pela expressão de seu rosto que, pela primeira vez, tornou-se suave. Ela deu um leve sorriso. O olhar de Vera se tornou cada vez mais distante e em poucos segundos ela parou de respirar. E então eu sussurrei para ela: "Sobe, sobe, sobe, com sua mente, para cima, para cima, para cima".

Todos os presentes estavam com as palmas das mãos voltadas para Vera. Comecei a cantar o mantra do Buddha da Compaixão *Om Mani Peme Hung*. Logo eles passaram a entoar comigo a melodia do mantra. Estávamos todos exaustos, mas recompensados pelo sorriso de Vera.

Sintonizar Vera com sua imagem de fé deu a ela a possibilidade de transformar os seus momentos de angústia numa mente positiva. Estar conectado com a fé é encontrar um refúgio seguro. *"Ao tomarmos refúgio, automaticamente nos ligamos a poderosos protetores sutis. (...) Como resultado, morreremos com a mente alegre, bonita e em paz, e a morte será para nós uma experiência de cura"*, escreveu Lama Gangchen Rinpoche em seu livro *NgelSo – Autocura III* (L. G. Sarasvati).

COMENTÁRIOS

Liane Camargo de Almeida Alves

Jornalista especializada em assuntos espirituais. Em 1974/1975, fez o curso de doutorado de especialidade no Institut Français de Presse, ligado à Universidade Sorbonne, em Paris. No seu trabalho atual, escreve sobre as mais variadas tradições espirituais do mundo e o uso da energia vital em diversos sistemas terapêuticos. É editora especial da revista Bons Fluidos *(Editora Abril).*

Morrer não se improvisa, dizem todas as linhas espirituais do mundo. A preparação para o momento da morte acontece em cada instante de nossa existência. Cada segundo em que nos sentimos realmente vivos, com intensidade total, nos preparamos para a morte. Nesses momentos de presença vibrante, em que vivemos o aqui e agora de corpo e alma, entramos em contato com vibrações sutis que se armazenam na nossa memória, na nossa essência mais profunda, aquela que continua depois da morte. O conjunto desses momentos de alta vibração que podemos provar em nossas vidas condicionará o nível de energia que poderemos alcançar no momento da morte. É incrível, mas o viver condiciona o morrer.

"A alma eterna é o resultado de um longo processo de acumulação e cristalização da energia mais fina que o organismo físico e psíquico pode produzir, por meio do empenho contínuo em despertar", escreveu o mestre instrutor Reshad Feild, seguidor da linha do mestre armênio Georges Gurdjieff. Esse processo pode ser desenvolvido por meio do trabalho contínuo sobre nós mesmos, prin-

cipalmente sobre nossas emoções negativas e apegos. "A pessoa mediana gasta energia em medo, raiva, inveja e anseios, tão rapidamente quanto a produz, gasta uma energia infinita na fascinação consigo mesma e com o mundo", continua Reshad Feild no seu livro *Passos para a Liberdade* (Fisus).

Para conter esse desperdício de energia, o ser humano precisa desenvolver a vontade e ter um objetivo claro: desejar retornar à Fonte, ao Criador Supremo, com todas suas forças, para integrar-se totalmente n'Ele. Mas, para cumprir essa meta, o homem necessita conhecer a si mesmo, ultrapassar a ilusão da separação entre nós e o Absoluto. Precisa vivenciar inteiramente a frase de Cristo: *"Eu e Meu Pai Somos Um"*. Diz-se na tradição sufi, a linha espiritual mística dos muçulmanos, que um bom praticante é uma gota a caminho de se transformar em oceano.

Esse esforço tremendo precisa de ajuda, de um mestre que oriente os passos a serem dados. E de muita prática espiritual. Por isso todas religiões e linhas espirituais insistem na prática cotidiana de preces, meditações, mantras, rituais sagrados. E no exercício constante do amor e da compaixão. O nível de vibração interna precisa ser intensificado durante a vida.

Mas somos seres humanos, cheios de limitações e erros. E se chegarmos perto da morte, sem a reconciliação com o plano divino, sem as devidas práticas espirituais? Na maioria das tradições espirituais existe uma resposta precisa para isso. A morte, ela mesma, pode ser um caminho rápido e intenso de transformação. Como escreveu Rumi, um poeta místico do mundo islâmico, as portas para a espiritualidade estão sempre abertas. O Divino sempre sussurra: *"Vem, vem, quem quer que tu sejas – andarilho, adorador, amante de partir – não importa. Nossa caravana não é de desespero. Vem, mesmo se tiveres rompido teu voto milhares de vezes. Vem, mais uma vez, vem..."*

Nos Evangelhos, Jesus Cristo, um pouco antes de sua morte, perdoa o bom ladrão, que se arrepende sinceramente de suas faltas e entrega seu coração aos cuidados do Filho de Deus, que morre ao seu lado na cruz. Jesus lhe promete que, ainda naquele dia, estariam juntos no paraíso. Também na tradição budista tibetana, o momento da morte condiciona os estágios futuros da mente. Uma morte pacífica, com a mente calma e um coração amoroso, clareia nosso caminho.

Foi isso que Bel fez com Vera. Ela a conduziu, respeitando sua fé, a um estado mais sereno e amoroso. Esse processo também ocorre na tradição cristã, quando são concedidos, por um sacerdote, os últimos sacramentos. Podemos acompanhar nos passos descritos por Bel o mesmo processo de morte como é descrito pelo padre da Igreja Católica Ortodoxa Jean-Yves Leloup no livro *A Arte de Morrer* (Vozes). Com Vera, ela participou de todos os sete estágios da dormição, como é chamado o processo da morte nas antigas tradições cristãs orientais.

"A dormição vai permitir que a pessoa adormeça inebriada de 'Sentido', um Sentido que lhe dará a possibilidade de abrir a porta de seu corpo mortal para ter acesso ao jardim da alma", escreveu o religioso. O papel do acompanhante, nesse caso, consiste em ajudar o outro a abrir essa porta, essa janela, para o desconhecido. Nesse ritual ortodoxo absolutamente tradicional, que é celebrado desde os primeiros séculos do cristianismo, podemos observar sete etapas. Seria maravilhoso para todo ser humano que elas pudessem ser observadas nos momentos que antecedem a morte.

A primeira etapa é a da *Compaixão*. A compaixão é a abertura do nosso coração, uma vez tocado pela sincera vontade de fazer algo para ajudar quem enfrenta a morte. *"Trata-se de uma abertura do coração que tornará a pessoa capaz de escutar, sem angústia, as angústias do outro"*, explica Jean Yves Leloup. *"Nos últimos instantes, o acompanhante não acompanha o moribundo com seu pequeno ego, isto é, com suas pequenas emoções e reações, mas deve fazê-lo com o que se chama de Self: aquilo que dentro de nós é mais inteligente, mais amante do que nós, o que dentro de nós possui uma espécie de conivência com o desconhecido, esse 'algo' de muito silencioso"*, acrescenta ele. A abertura de Vera por receber ajuda e a empatia imediata que surgiu entre ela e Bel abriu o coração de ambas para viverem essa primeira etapa da dormição, que envolve o sentimento de compaixão.

A segunda etapa é a *Invocação* ou *Evocação*, na qual visualizamos ou dizemos um nome que represente um arquétipo de plenitude e de paz. Essa etapa deu-se em três momentos: no primeiro dia, com o canto das sílabas-sementes dos cinco elementos puros *Eh Yam Ram Lam Bam* e da prática de Autocura Tântrica, para evocar um ambiente de serenidade e, no segundo dia e no momento de sua morte, quando a imagem de Jesus Cristo foi evocada através da dinâmica da visualização.

A terceira etapa consiste de um pequeno gesto, a *Unção* com um óleo previamente consagrado. Os gestos e o óleo visam trazer a atenção da pessoa para o sagrado, pois eles representam a presença de uma força espiritual, que é sutil e, portanto, não tangível. Vera conseguiu se acalmar nos dois momentos em que Bel realizou os gestos (mudras) da prática de Autocura Tântrica NgelSo. Ao passar no topo da cabeça de Vera um creme com as pílulas sagradas, abençoadas por Lama Gangchen Rinpoche, Bel realizou a função da unção: tornar o corpo flexível e aberto para uma outra dimensão.

A quarta etapa é a da *Escuta* que, em sua qualidade, permitirá à pessoa confessar-se e expressar todas as palavras não ditas de sua existência. Está ligada com a confissão, nos ritos católicos. Vera pôde também expressar sua angústia e sofrimento, seja por meio de suas palavras, seja pelas imagens surgidas por meio das visualizações.

A quinta etapa é a do *perdão*. No momento da morte, ele se transforma num pedido de bênção, uma "autorização" para partir: "Vá em paz", dizem os sacerdotes depois da confissão. Vera se perdoou a si mesma na meditação realizada no segundo dia, mas resistiu muito para aceitar partir. Sua Santidade, o Dalai Lama, diz: *"As bênçãos não bastam. As bênçãos devem vir de dentro. Sem seu esforço pessoal é impossível que as bênçãos aconteçam"*. Isso é real. Vera só foi capaz de assimilar as bênçãos, como um sinal de autorização para partida, quando imaginou Cristo no topo de sua cabeça. Assim, ela obteve sua bênção real e permissão para morrer.

A sexta etapa é o momento da *Comunhão*. Se o acompanhante é um sacerdote, ele realiza a eucaristia compartilhando o pão e o vinho. Se a pessoa, por razões físicas, não tem condições de receber a hóstia, o padre coloca algumas gotas do vinho em seus lábios. A comunhão, como representação de união de uma pessoa com Cristo, foi vivida por Vera no momento de sua morte, quando visualizou sua imagem e a de Jesus Cristo como uma "única luz brilhante".

A *Contemplação* silenciosa é a sétima e última etapa. Está relacionada à escuta de cânticos ou músicas sagradas. O cântico sagrado nos eleva para uma nova faixa de onda vibracional. E, nesse momento, o acompanhante se torna um verdadeiro transmissor de energia. No caso de Vera, todos aqueles que estavam presentes no momento de sua morte tornaram-se um grupo de "transmissores". Acompanharam esse processo seja em silêncio, emanando energia com as mãos voltadas para ela, seja entoando o mantra do Buddha da Compaixão.

Jean Yves Leloup conclui sua explicação escrevendo: *"O momento da morte é o mais elevado momento da vida, aquele em que esta alcança sua mais elevada intensidade. O essencial é o 'morrer vivo', não privar ninguém dessa ocasião de viver intensamente tal passagem"*. É nesse instante, o mais importante de nossas vidas, que podemos murmurar como o poeta místico Bayazid al Bistami: *"Ó, Pai, afasta o 'eu sou' de mim e de Ti, até que haja apenas Tu..."*.

Claudine Käthe Camas

Suíça, formada em economia, vive no Brasil há 20 anos. Terapeuta e estudiosa de vários métodos de cura com cristais na Europa, nos Estados Unidos e no Brasil. Criadora do método Terapia da Ressonância Cristalina TRC®, um método de autoconhecimento e autocura, por meio de técnicas de meditação, visualização, regressão e progressão, com utilização de cristais energizados. A Terapia de Ressonância Cristalina tem como objetivo ajudar as pessoas a se conectar com a sua essência, para assim ter acesso a uma consciência superior, capaz de potencializar o processo interno de autocura.

Nos relatos de Bel sobre as vivências dos pacientes que enfrentam o final de sua vida, fica clara a importância de ajudá-los a finalizar suas pendências emocionais. Elas impedem que a pessoa tenha um estado mental tranquilo no momento de sua morte. Essas tarefas inacabadas causam ansiedade e dificultam uma percepção positiva que possibilite a mente se direcionar para a Luz no momento de sua morte.

A abordagem de Bel também evidencia o poder de autocura da visualização. Cada pessoa, independentemente de sua religião ou cultura, pode encontrar, de forma espontânea, as imagens que necessita para superar sua dor.

A técnica de visualização potencializa as emoções e desperta uma experiência tão vívida e relevante quanto a própria realidade. Uma vez que a pessoa ativa a sua consciência superior para entrar em contato com os seus conflitos, pode reorganizá-los e recuperar sua conexão com o lado espiritual e, assim, recobrar a calma que dela provém.

O caso de Vera me tocou profundamente. Apesar de ela já estar muito debilitada, ainda queria viver a vida que havia vivido até aquele momento. Sua vontade em recuperar a energia vital era real e emergencial, apesar do seu debilitado estado físico. Acredito que Bel supriu as necessidades de Vera por meio do poder de cura das visualizações que realizaram em tão poucos dias.

Vera também me fez lembrar uma emocionante experiência de quase-morte vivenciada por minha mãe. Ela, no entanto, teve uma segunda chance de vida para cumprir suas tarefas inacabadas. Meus pais sempre viveram na Suíça. Minha mãe era uma mulher de fibra, sempre ativa. Mas foi lentamente se anulando para cuidar, durante 20 anos, do meu pai, que sofria de mal de Parkinson.

Quando ele morreu, minha mãe passou a se sentir inútil e perdida. Não sabia mais administrar a própria vida, cuidar de si mesma. Como eu já vivia há muitos anos no Brasil, decidi trazê-la para São Paulo. Fiquei chocada ao ver o seu estado de saúde tão debilitado.

Apática, ficava quase sempre de olhos fechados. Recusava-se a falar e a comer. Já não conseguia mais se levantar da cama. As nossas tentativas de reanimá-la foram inúteis.

Por meio dos meus estudos, realizados ao longo de muitos anos na Europa e Estados Unidos, sabia que os cristais são capazes de acelerar qualquer processo de comunicação interna, por causa da sua potente reverberação energética. Pedi a ela, então, que escolhesse alguns deles, dispostos entre dezenas de pedras cristalinas.

Apesar de não demonstrar nenhuma vontade e talvez só para me agradar, minha mãe escolheu pedras que estavam relacionadas com seus processos internos: ônix, calcita laranja, citrino, larimar, quartzo rosa, água-marinha, sugelita, turmalina preta e um quartzo branco bi-terminado.

Coloquei as pedras na altura de seus chakras. Pedi a ela que segurasse também o quartzo bi-terminado na mão esquerda e a turmalina preta na direita. Depois disse a ela: "Não tenho o direito de interferir no seu processo de evolução, mas gostaria de poder ajudá-la na sua decisão de lutar por viver – ou, então, de abandonar essa luta. Acredito que você ainda não viveu sua vida na sua plenitude e todos nós gostaríamos de vê-la brilhar novamente. Eu sei que não posso impor minha vontade, mas gostaria que soubesse que todos nós ainda precisamos muito de você".

Tinha confiança de que a energia amorosa que evocava em meu coração naquele momento iria transmitir o que não se poderia dizer em palavras. Os cristais conduzem, potencializam e intensificam essa energia amorosa. Por meio dessa força, a energia cristalina pode entrar nas células e ajudar a desbloquear os obstáculos presentes dentro do nosso sistema físico e sutil. Ao penetrar no nível celular da pessoa para quem dirigimos nossa concentração, aceleram os processos que ocorrem no seu inconsciente. A escolha aparentemente aleatória dos cristais reflete a energia que ela está necessitando reorganizar em seu inconsciente.

Com um tom de voz suave, iniciei um processo de relaxamento. Pedi a ela que visualizasse um lugar que lhe parecesse muito especial. Um lugar sagrado onde somente ela teria acesso. Ali ela se sentiria protegida para refletir e escutar qual seria o seu propósito da vida naquele momento. Uma vez que estivesse nesse local, deveria se imaginar deitada com os cristais que havia escolhido sobre seu corpo, para receber suas energias curativas.

Lentamente, a estimulei para que inspirasse a energia dos cristais, um por um. Dessa forma integraria a energia das pedras numa frequência vibratória mais elevada, que vibraria em todos seus corpos sutis. O quartzo branco bi-terminado na mão esquerda a ajudaria a acelerar a circulação da luz sutil em seu corpo, a turmalina preta na mão direita eliminaria qualquer energia bloqueadora.

Aos poucos, houve uma interação energética entre o campo eletromagnético dos cristais e o dos corpos sutil e físico da minha mãe. Enquanto a energia do ônix ajudava a ancorar o corpo físico, a calcita laranja ativava a força de restaurar a saúde. O citrino dissolvia os medos e incentivava a coragem. O quartzo rosa despertava o amor-próprio, enquanto que o larimar eliminava as dores emocio-

123

nais. A água-marinha liberava a autoexpressão e a sugelita desbloqueava energia estagnada no nível espiritual.

A expressão facial do rosto de minha mãe relaxou totalmente no decorrer da visualização. Parecia surpresa e sorriu suavemente. Depois de um tempo, passei a estimulá-la a retornar do relaxamento.

Assim que ela abriu os olhos, pegou a minha mão e começou a falar. Sua voz, apesar de trêmula, era clara e determinada. Pela primeira vez, desde que chegara ao Brasil, eu a sentia presente e viva. Então ela me relatou o que havia vivenciado durante o relaxamento.

"De repente, senti um calor tomando conta do meu corpo inteiro. Tinha uma sensação parecida com uma corrente elétrica que percorria minhas veias. Em seguida, não senti mais o peso do meu corpo – ele estava flutuando. O lugar sagrado era repleto de cores pastéis, com um suave perfume adocicado no ar. Conseguia ver várias formas, algumas geométricas e outras onduladas, como pétalas de flores. Presenciava uma realidade que não existe aqui neste planeta. Com facilidade, acabei me ajustando aos meus movimentos flutuantes, que acompanhavam o que via. Então, me concentrei nos cristais. Comecei a ver ondas coloridas circulando dentro de mim e à minha volta. Me sentia cada vez melhor. Aliviada. Não tenho palavras para explicar, mas parecia que a cada inspiração eu escutava a ressonância de uma melodia suave, que vinha de dentro de mim".

"Essa experiência me tomou completamente, até quando você me convidou a imaginar qual seria o próximo passo da minha jornada. Nesse momento, eu me vi sendo sugada por um túnel estreito cheio de luz. Por alguns momentos, achei que meu coração iria parar de bater e que eu iria desmaiar. Sem me dar conta, me vi fora do túnel, num lugar cheio de luz. Sentia muita paz. Muito amor. Pensei comigo mesmo: 'É aqui que eu vou ficar, enfim voltei para minha verdadeira casa...' Mas, de repente, vi seu pai à minha frente, como se ele estivesse saindo de uma nuvem branca. Ele sorriu para mim e nós nos abraçamos. Eu me senti tão feliz! Com muita amorosidade, conversamos telepaticamente: ela sabia que eu queria ficar ali, mas sabia que ainda não era o momento. Disse-me apenas para voltar e me divertir, viajar, transmitir minha energia de alegria para outras pessoas. Agradeceu-me por todo carinho dos 50 anos que caminhamos juntos. Me abraçou e me acompanhou até a entrada do túnel. Com um gesto amoroso, ele me conduziu até o ponto onde uma energia me sugou de volta".

Após tê-la escutado, nos abraçamos e choramos muito, emocionadas. Senti também uma vibração fortíssima de amor à nossa volta. Minha mãe curou-se e ainda viveu por mais 10 anos. A partir desse dia, também eu abandonei meu ceticismo resistente e assumi meu lado intuitivo e espiritual. Passei a me dedicar exclusivamente ao campo energético dos cristais, desenvolvendo a Terapia de Ressonância Cristalina (TRC®).

Podemos usar várias técnicas eficazes para ajudar as pessoas a enfrentar situações difíceis, como a própria morte, mas entendi, a partir daquele momento, que é primordial uma atitude amorosa e compassiva para com aqueles que enfrentam o processo de morrer. Só assim é possível criar condições de abertura, seja para a compreensão profunda do que está ocorrendo, seja para a aceitação mais amorosa de si mesmo.

Quando se Está
Pronto para Morrer

CASO BETO

Em maio de 1997, conheci Beto por indicação de seu médico oncologista. Beto era juiz, 37 anos, casado, com dois filhos pequenos, tinha um olhar gentil e generoso. Devido a um câncer no intestino grosso, com metástase nos pulmões e no fígado, fez muitas sessões de quimioterapia no decorrer dos seus dois últimos anos de vida que, a princípio, deram bons resultados clínicos.

Beto morava numa cidade há quatro horas de São Paulo. Começamos as nossas sessões a cada quinze dias, no meu consultório, quando ele vinha à capital para as sessões de quimioterapia. Os primeiros meses foram dedicados a aceitar o caos interior provocado pela doença, assim como a reconhecer as diversas situações inacabadas em sua vida afetiva. Conforme Beto conseguia expressar suas transformações internas no seu meio familiar, sentia-se aliviado. Confiante na sua crescente capacidade de lidar com o seu estado vulnerável de saúde, dedicava-se cada vez mais ao desenvolvimento de sua espiritualidade.

Aos poucos superava sua forte tendência em reprimir a dor emocional e mostrava-se mais disposto a revelar seus sentimentos para sua família. Estava determinado a abandonar sua habitual atitude solitária. Assim, Beto passou a compartilhar sua dor ao mesmo tempo que aprendia a respeitar suas necessidades emocionais.

Para algumas pessoas essa mudança de atitude era muito perturbadora. Estavam acostumados com o silêncio submisso de Beto. Mas ele não se deixou abalar com a pressão daqueles que não aceitavam sua mudança. Continuou a se expressar abertamente. A consciência de que seu futuro tinha um tempo limitado desencadeou sua determinação em ser ele mesmo. Esse processo ajudou-o também a liberar-se dos ressentimentos passados.

Era evidente como sua vida se tornava cada vez mais significativa ao aceitar sua morte como um fato próximo. Estava determinado a viver positivamente qualquer momento. Dizia que se negasse sua morte estaria distanciando-se de sua vida no presente. Beto havia compreendido a realidade transitória da natureza humana. Sua aceitação não era racional, era autêntica, uma realização interior resultante de seu contínuo trabalho consigo mesmo.

Em outubro, Beto e eu participamos de um *workshop* com Lama Gangchen Rinpoche em São Paulo. Ele sentiu-

-se profundamente grato pela experiência, pois agora o que mais lhe interessava era o seu contato com a espiritualidade. Estar além das suas percepções imediatas para abandonar o hábito de lutar contra a ideia de morrer. Ao final de uma sessão, ao sair de um relaxamento profundo, ele me disse: *"Saí do absolutismo para ganhar paz e espaço interior".*

Muitas pessoas contam que nunca se sentiram tão vivas quanto no momento em que estão morrendo, afirma o psicólogo norte-americano Stephen Levine no seu livro *Who Dies?* (Quem morre?, Anchor Books Editions.) Ele escreve: *"Talvez seja porque finalmente a indagação do que é real dê sentido à vida dessas pessoas; e quando a vida tem sentido, ela se torna vibrante. A busca central passa a ser 'quem sou eu?'. A energia da vida, então, não é mais usada para constringir a realidade dentro de velhos modelos (...) Tornaram-se realmente vivos justamente porque não procuram mais fazer com que a vida seja o que eles querem que seja".*

Levine, que trabalha desde os anos 70 com pacientes terminais, também verificou essa mudança de atitude que notei em Beto: *"Quando estou com estas pessoas vejo que o trabalho deles e o meu são exatamente a mesma coisa: abandonar o controle da autoproteção, abandonar aquele agarrar-se e aquele sofrer que nos mantém isolados; abrir-se para o agora, e, então, morrer no momento presente. Viver plenamente com aquilo que é dado, de coração aberto e com uma mente que não se agarra mais aos modelos".*

Em novembro de 1997, Beto decidiu tirar férias: abandonou todos os tratamentos da medicina tradicional e foi ao Rio de Janeiro à procura de uma terapia alternativa com ervas. Eu também tirei férias e fiquei fora do Brasil até fevereiro de 1998. Quando voltei recebi uma

129

carta sua em que explicava sua nova opção de tratamento. Ele reforçava também nosso vínculo terapêutico.

Um mês depois, seu médico telefonou-me dizendo que Beto estava no hospital em estado grave. Havia desenvolvido uma deficiência hepática. O tumor começou a fabricar substâncias tóxicas que o deixaram muito fraco, magro e sem proteínas. Quase não tinha mais massa muscular.

Quando o encontrei, estava muito inquieto. Disse-me que não conseguia dormir, nem relaxar, mesmo sedado. Sua preocupação imediata era como resolver a tensão que havia entre ele e sua mãe, e entre ela e sua esposa.

Sua mãe estava muito ansiosa, o que o deixava ainda mais irritado. O ritmo do hospital é agitado. O tempo todo as enfermeiras entram e saem do quarto. O seu primeiro pedido foi para que eu o ajudasse a enfrentar tudo isso com mais calma.

Borrifei seu quarto com um *spray* aromático com essências de lavanda, manjerona e laranja, do qual ele gostava muito. Comecei massageando delicadamente seus pés inchados, enquanto ele falava do seu cansaço e do quanto gostaria de estar fazendo do seu processo de morte uma experiência positiva. Com os exercícios de relaxamento tornou-se cada vez mais calmo.

Continuei a visitá-lo diariamente. No terceiro dia, assim que entrei no seu quarto ele pediu para sair da cama e sentar-se na poltrona, pois disse que tinha algo muito bom para me contar. Tranquilo, porém com um tom de voz forte e orgulhoso, me falou que tinha conseguido dizer adeus à sua família. Disse que foi reconhecido por seu pai como um herói vitorioso, pois soube ser perseverante no modo como levou sua vida e agora enfrentava a morte. Contou que fez doações a instituições e que deixou mensagens para aqueles que não estavam presentes. Depois que nos olhamos emocionados, nos abraçamos. Beto beijou minha testa e me agradeceu por toda ajuda que havia lhe dado. Por fim, me disse: *"Agora devo só esperar"*.

Conversamos, então, sobre como tornar esta espera uma "espera ocupada", para gerar a energia positiva necessária para o que estava por vir. Concluímos que seria bom continuar o que já vínhamos fazendo: cantar mantras e fazer visualizações. Seu irmão me disse que escutou várias vezes Beto recitar em voz baixa o mantra *Om Muni Muni Maha Muni Sakya Muni Soha*. Esse mantra contém a essência energética dos métodos de autocura transmitidos por Buddha Sakyamuni. Não é sequer necessário ser um praticante do budismo para recitar e receber os benefícios desse mantra. Basta recitá-lo. Sua vibração sonora preenche nosso mundo interno de calma.

Despedir-se tornou-se outra tarefa da "espera ocupada". Na tarde seguinte, estavam reunidos no quarto vários amigos e parentes de Beto. Quando ele colocou sobre o seu peito uma foto sua com Gangchen Rinpoche, tirada seis meses antes durante o *workshop* que fizemos juntos e disse: "Este é um grande amigo", todos ficaram em silêncio a sua volta olhando para ele. Foi quando Beto me disse: "Bel, vamos oferecer um pouco do *spray* para todos".

Enquanto eu borrifava, todos fecharam os olhos criando uma atmosfera introspectiva e calma. Aproveitei a oportunidade para sugerir que déssemos as mãos e dirigi uma pequena meditação, na qual cada um emanava luz dourada para o outro. Depois eu disse:

"Estes são momentos que não esquecemos jamais em nossa vida. Quem quiser pode oferecer, em voz alta, algumas palavras para o Beto".

Um a um falou sua mensagem. Muitos fizeram a promessa de continuar a levar adiante o seu exemplo. Sua mãe conseguiu lhe dizer que aceitava que ele partisse, porque agora sabia que ele estava em paz. Todos agradeceram por aquele momento. Saímos do quarto e deixamos Beto a sós com sua esposa.

No dia seguinte, entre brincadeiras, risos e uma profunda emoção, Beto se despediu de seu médico. Agradeceu a ele sua amizade e dedicação. Estava presente e guardei na memória as palavras de Beto: "Estou já curado. A doença já passou, sou só eu que estou partindo. Tomei a decisão de na minha próxima vida ajudar as crianças que sofrem de câncer".

Eu também tinha vontade de encontrar o momento para despedir-me dele, mas não houve espaço para despedidas entre nós. Nos três dias que se seguiram, Beto permaneceu inconsciente até falecer de madrugada.

Após a morte de Beto, passei uma semana muito desatenta e distante de tudo e de todos. Não conseguia retomar meu cotidiano. Foi quando me dei conta de que estava tentando evitar sentir a dor do luto.

Precisava escutar o meu sofrimento. Sentir minha vulnerabilidade. Lembrei-me de um ensinamento budista que me ajudou a tomar uma atitude. O budismo nos ensina que só aceitamos a partida de uma pessoa, quando sentimos ter recebido dela tudo o que queríamos receber. Percebi, então, o quanto eu sentia não ter me despedido de Beto.

Busquei um lugar onde me sentisse tranquila e certa de que não iria ser interrompida. Escrevi, então, uma longa carta de despedida para Beto. Nos dias seguintes, aos poucos retomei minhas atividades. Mas a experiência de ter acompanhado Beto parece ser inesquecível.

COMENTÁRIOS

Dr. Luiz Fernando de Barros Carvalho

Clínico geral e pediatra antroposófico. Formou-se na Faculdade de Medicina de Ribeirão Preto da Universidade de São Paulo. Estudou Homeopatia na Inglaterra em 1974, onde estagiou durante um ano no Royal London Homeo-pathic Hospital, em Londres. Especializou-se em medicina antroposófica durante os anos de 1978 e 1979, na Suíça. Em São Paulo, trabalhou durante quatro anos na Clínica Tobias, de orientação antroposófica. Fez especialização em Reeducação Postural Global, RPG, especialização em nutrição baseado na Antroposofia e harmonização do corpo sensível, Neurolinguística e Terapia da Linha do Tempo. Médico responsável pelo Projeto Vida de Clara Luz.

Quando Bel me convidou, em maio de 1999, para ser seu parceiro na realização do seu sonho em construir um *hospice* em São Paulo, não hesitei um só minuto – a minha alma aceitou imediatamente. Depois, fui compreendendo aos poucos a extensão e importância do projeto. Mas a parte mais essencial do meu ser nunca teve dúvidas. Mobilizado pelo entusiasmo dela, passei a estudar mais profundamente essa ideia. E percebi logo que a minha forma de tratar os pacientes era absolutamente compatível com essa proposta.

A morte sempre foi para mim algo natural: morrer é simplesmente a continuação do viver. Durante os 25 anos de minha carreira médica como clínico geral e pediatra, apenas quatro dos meus pacientes faleceram. E em nenhum desses casos estava no Brasil no exato momento da morte deles. Apesar disso, eu havia acompanhado, de maneira muito próxima, os seus últimos meses de vida.

Nós conversávamos muito sobre o significado mais profundo da doença e da morte na vida de cada um deles. Sempre procuro ajudar o paciente a encontrar o sentido daquela determinada doença e a integrar esse conhecimento na sua vida. Examinávamos, em conjunto, os conflitos emocionais que haviam desencadeado a moléstia e os desafios que era preciso enfrentar para superá-los. Víamos também como andava a missão de cada um até aquele momento, pois, uma vez finalizada, poderiam partir com mais confiança.

Lembro-me particularmente de uma paciente com câncer de mama que estava na fase final de sua vida. Sabíamos que não havia mais nada a fazer. Mas, naquele momento, antes de eu sair de férias, ela ainda estava bem. No meu último dia de trabalho, minha paciente veio me trazer um ramalhete de flores e se despediu de mim. Eu também sabia que não iria revê-la mais com vida, apesar de ela estar fisicamente bem. Foi muito emocionante, porque senti que ela estava indo embora muito tranquila. Nós tínhamos nos preparado para essa partida.

Sob a visão antroposófica, o câncer é doença kármica, que mobiliza a pessoa, num determinado momento, a rever seu estilo e qualidade de vida. Na minha experiência como médico, escuto muitos relatos de pessoas que tiveram câncer. Relatam o quanto foi importante para elas o câncer naquele período de suas vidas e como a doença desencadeou uma série de mudanças necessárias em suas vidas.

Desde 1976, dedico-me à medicina antroposófica. Sempre considerei importante a inclusão da morte na abordagem médica. Segundo a abordagem antroposófica, no momento em que uma pessoa termina a sua missão aqui na Terra, ela vai embora, porque já terminou tudo o que tinha de fazer. Acredito que a cada relacionamento trocamos também algo de nossa alma com a outra pessoa – e vice-versa. Damos e recebemos constantemente. Quando a morte chega para um de nós, é porque já fizemos todas as trocas anímicas (de alma) que tínhamos para fazer nesta vida.

Quando temos essa compreensão, já não sentimos mais "perder" uma pessoa quando ela morre. Porque o que essa pessoa tinha para nos dar, já é nosso. Então, ela estará sempre conosco e jamais irá deixar-nos realmente. Só no dia da nossa morte.

Tenho um grande exemplo desse processo na minha vida. Tive uma grande amiga que faleceu há dez anos. Mas, durante todos esses anos após sua morte, continuo sendo nutrido pelas informações e ideias que ela deixou dentro de mim. Ainda hoje aprendo coisas novas com o que ela me disse há dez anos, porque só hoje sou capaz de compreendê-las!

Não morremos "antes da hora". Morremos porque concluímos o que tínhamos para concluir, independentemente da idade que temos. Quando entendi a morte dessa forma, ficou ainda muito mais tranquilo aceitá-la e respeitá-la. Assim, podemos até mesmo celebrar a morte com alegria, pois ela representa o desfecho da missão de uma pessoa.

O caso de Beto contado por Bel é um exemplo disso. Ele aceitou o seu processo porque entendeu que sua missão aqui havia terminado. E, assim, já se preparou nessa mesma vida para a sua próxima, quando disse que iria ajudar as crianças que sofrem de câncer na sua próxima existência.

Então, o que ele sentia ainda estar inacabado nesta vida lhe deu inspiração para o seu trabalho na próxima. O que mais me tocou nesse caso é que Beto realmente se deu conta de ter finalizado sua missão aqui na Terra. Por isso, pôde se despedir em paz e celebrar sua partida com cada um de seus amigos e familiares.

Beto nos ensina que o ponto básico para a pessoa aceitar sua morte está na compreensão do significado da sua vida.

As pessoas resistem em encarar a morte principalmente pelo medo de sofrer com isso. Mas a partir do momento que conseguem entender o que está acontecendo, o medo se desfaz.

No Projeto Vida de Clara Luz, iremos cuidar da vida no estágio em que ela estiver – nascimento, doença ou estágios finais anteriores à morte. Assim, poderemos dar qualidade à vida, do momento que ela começa até o instante da morte.

Suely Nazareth Scartezini

Suely Scartezini é psicóloga clínica, com especialização em Cinesiologia Psicológica pelo Instituto Sedes Sapientiae de São Paulo. Trabalha no atendimento de adolescentes e adultos por meio da psicoterapia verbal e corporal de abordagem junguiana. Utiliza também a técnica do "sand-play" (caixa de areia) e as artes orientais como Sumi-ê e ikebana nos acompanhamentos de seus pacientes. Psicóloga do Projeto Vida de Clara Luz.

Mobilizada pelas histórias relatadas por Bel, lembrei-me da primeira paciente que atendi quando ainda estava terminando a faculdade de Psicologia. Apesar de me sentir ainda despreparada para fazer atendimentos, confiava que a própria experiência iria me ensinar o que eu precisaria aprender.

Dora tinha 40 anos e acabara de passar por uma mastectomia, cirurgia para a extirpação do seio, por causa de um agressivo câncer de mama. Seu estado era grave e o prognóstico era de seis meses de vida, aproximadamente.

Foi por meio da *ikebana*, antiga arte japonesa de arranjo floral, que Dora e eu nos sintonizamos com a beleza efêmera da vida. Ela vinha ao meu consultório uma vez por semana, mas só depois de quatro meses percebeu que eu mantinha sempre um arranjo de *ikebana* entre as poltronas de minha sala. Sensibilizada com a beleza das flores, perguntou-me por que eu as colocara ali. Expliquei que eu sempre fazia um arranjo floral para o consultório, mas que talvez ela só o tivesse notado agora porque estava se aproximando do que era realmente belo na existência.

A partir desse momento, começou a ficar mais serena. Dora passou a olhar para a vida e para si mesma como para aquele *ikebana* – belo mas efêmero. A sua alegria ao contemplar os arranjos a renovava. Atenta a isso, eu providenciava para que os *ikebanas* estivessem presentes onde quer que eu fosse atendê-la – no consultório, no hospital ou na casa de sua mãe.

Manter sempre junto de si um *ikebana* também era uma forma, para ela, de receber amor e apreciar a vida. "Conheci a alegria do mundo ao adornar minha sala com a camélia que floresceu no jardim", escreveu com poesia o mestre Mokiti Okada, fundador da escola Sanguetsu de *ikebana*. Aplicava assim os princípios básicos dessa arte oriental: a vivificação da flor através do amor.

137

Enquanto ela relatava sua história, conquistava uma nova visão de si mesma que a ajudava a lidar de uma maneira mais positiva com os acontecimentos. Suas novas atitudes testemunhavam sua transformação.

Dora foi se recuperando psicologicamente, embora seu corpo estivesse ficando mais e mais mutilado. Vieram complicações em função de metástases e ela teve de sofrer mais cirurgias. No início, se revoltou contra a perda da própria beleza, antes tão glorificada. Aos poucos, por meio de visualizações, Dora conseguiu entrar em contato com seu nível de ser mais profundo, que não dependia do seu aspecto físico. Encontrava novas formas de beleza, em si mesma e na vida.

Trabalhava muito com visualizações e, a certa altura do tratamento, Dora quis rever mentalmente imagens de Israel. Queria retornar às suas origens, compreender sua própria história e a dos pais, para, assim, reconciliar-se com eles. Por meio dessa viagem simbólica, Dora viveu os momentos mais significativos do seu processo de morte. Visitamos lugares sagrados, encontramos divindades, silenciamos diante de mestres em meditação... E, enfim, chegamos ao nosso destino: Dora estava frente à porta de um grande templo. Mas faltava-lhe coragem para atravessá-la e ir de encontro a círculos de luz que surgiam diante de seus olhos.

A proximidade do fim da vida pode ser uma experiência transformadora. A morte, nesse processo, pode deixar de ser uma inimiga a ser vencida para se tornar um profundo agente de transformação. Ela passa a ser co-terapeuta, educadora, conselheira e propiciadora de iniciações profundas. Ela nos estimula a vencer os hábitos mentais, preconceitos e condicionamentos que nos distanciam de nossa natureza mais profunda.

Dora alternava momentos em que manifestava o contato com o seu nível de ser mais profundo, como durante as visualizações, com outros em que se recusava a admitir a gravidade do seu caso. Por exemplo, ela ainda fazia planos detalhados das viagens que deveria fazer quando melhorasse. Naquela época eu estava lendo um livro de Marie Louise Von Franz, *Os Sonhos e a Morte* (Cultrix) em que ela descrevia o estado psíquico diante da morte. Nesse estado, duas consciências coexistiam: *"Uma, superficial e cotidiana, parecia não ter a menor noção de proximidade da morte e ainda fazia planos mundanos; a outra, mais profunda e mais séria, de vez em quando se manifestava, deixando claro que a pessoa sabia muito bem que seu fim estava próximo e que se preparava para enfrentá-lo"*.

Um dia, ao visitá-la no hospital, esses dois estados de consciência se tocaram. Ela estava fazendo seus roteiros de viagem "para quando ficasse boa". Ela segredou-me qual seria o seu itinerário: "Londres, Marrakesh, Cairo, Ilhas Gregas... E Israel... Pelo menos rever Israel já estava bom! Se eu pudesse voltar àquela montanha..." De repente, uma forte emoção tomou conta do seu coração... "Sabe, era quase possível tocar o céu, pegar as estrelas... E ali o silêncio era cheio, pleno de tantas coisas...".

Pediu-me que lesse um trecho do livro *The Source*, pois ela não podia mais lê-lo sem que ficasse profundamente comovida. Disse que ali estava escrita uma frase especial, aquela que todo israelita normalmente fala antes de morrer... Peguei o livro e li em voz alta: "Ouça, oh Israel, o Senhor Nosso Deus, o senhor é Um para morrer no caminho, esperando o pronunciamento da primeira palavra".

Após um momento de silêncio, chorando muito, ela me disse: "Sabe, no fundo eu sempre acreditei em Deus, mesmo sem ter nenhuma religião. E agora O encontrei. Não dá para explicar, mas Ele está dentro de mim. Eu sinto que Ele está comigo...".

Nessa ocasião, Dora já sofria muito com as fortes dores, mas resistia aos medicamentos. Tinha medo de que os médicos a sedassem, pois não queria "perder sua consciência". Em função das dores, algumas vezes desejou "acelerar" seu processo... Pensava até em como seria seu enterro. Contou-me que tinha visto todas as pessoas presentes e que chorou muito. Disse-me que havia refeito seus laços com a mãe – perdoou-a, bem como a sua irmã. Começava a "fechar" suas histórias e a se despedir. Disse, ainda, que me sentia como um anjo da guarda, um ser de luz ao seu lado.

Ficávamos muito tempo de mãos dadas, em silêncio. Sentia-me participando, também energeticamente, de sua morte. Ela começava a dar sinais de sua iminente partida, entrando em estados alterados de consciência. Rompendo o silêncio me disse: "Deixa eu te contar uma coisa. Eu tive uma visão ou sonho, não sei, hoje de madrugada e durou um tempão. Me fez lembrar um lugar em que estive, na Espanha, e que se chama Ibiza. Tem umas grutas que você desce e lá embaixo tem uma espécie de um anfiteatro grego, em concha, e lá no fundo, um lago. É um lugar maravilhoso..."

Ela continuou seu relato: "Hoje eu vi que estava num lugar semelhante, mas havia também um barco e muita, muita luz! Não era um barco qualquer... Era o barco que levava o Faraó para o túmulo. Lá também estava a Pedra

Roseta, aquela que ajudou os pesquisadores a decifrarem os hieróglifos. Havia muita luz mesmo!".

Esta imagem causou um profundo impacto em mim. Via como Dora descrevia sua própria morte por meio de símbolos. Expliquei a ela que a embarcação era o barco do Sol, que levava as almas para a Terra dos Mortos. E que a Pedra Roseta poderia simbolizar sua própria imortalidade. E não havia muito mais o que dizer – a visão falava por si mesma. Ela acrescentou: "Ah! E os círculos voltaram! Agora são amarelos...". Senti um misto de alegria e de tristeza por sua iminente partida. Feliz por ela ter compreendido sua morte em vida. Todo o esforço e o sofrimento não haviam sido em vão.

Passados alguns dias, sua irmã me ligou pedindo para ir para o hospital. Encontrei Dora muito assustada por causa de um sonho em que dizia "ter visto Deus". Ela descreveu as imagens: "Ele apareceu fazendo círculos com os dedos polegar e indicador das duas mãos e, quando apontava para algum lugar de meu corpo, a dor passava. Disse para mim que tudo ia passar e que eu ia ficar bem. Quando acordei, a dor voltou e fiquei com medo de morrer".

Novamente de mãos dadas, rezei e, mentalmente, acompanhei-a até o limiar – a porta entre este mundo e o mundo sutil. Com amor, lhe dizia para aproximar-se e atravessar. Em pensamento, dizia para ela que havia muita luz do outro lado e que o escuro da dor poderia se acabar se ela se entregasse à Luz. Depois dessa concentração, disse-lhe que ela podia "dormir um pouco", descansar, porque eu e a sua irmã estaríamos ali do seu lado.

Com muita dificuldade para respirar, mesmo com a máscara de oxigênio fornecida, Dora parecia procurar uma posição para adormecer. Muitos pacientes diante da morte têm a sensação de "estar caindo" e se sentem inseguros na cama. Inconscientemente, ela procurava um jeito de "não cair". Pensei em oferecer a ela um amparo físico, para trazer-lhe a sensação de proteção e de segurança, tão importante naquele momento. Então, orientei sua irmã para que se deitasse ao seu lado, de mãos dadas, garantindo que ela também estaria ali, tomando conta de seu sono.

Ela já parecia completamente inconsciente quando eu me preparava para sair. Mas, por segundos, Dora abriu os olhos e sorriu serenamente. Com um movimento dos lábios, jogou-me um beijo. Novamente fechou os olhos e entrou em coma profundo. Pouco depois, sua irmã telefonou-me comunicando sua morte. De acordo com sua vontade, Dora foi cremada e suas cinzas jogadas ao mar.

Dora me ajudou a superar minha insegurança e encontrar esse lugar seguro dentro de mim.

IMAGENS QUE AJUDAM A ACEITAÇÃO DA MORTE

DONA MÔNICA

Conheci Dona Mônica em fevereiro de 1998. Ela tinha 85 anos. Seu jeito simpático e sua aparência física me fizeram lembrar a personagem principal do filme *Tomates Verdes Fritos*. Ela tinha leucemia num nível muito avançado. Sua neta, Paula, tinha me chamado para ajudar sua avó a aceitar o fato de estar hospitalizada e de não poder cuidar do seu marido, que também estava doente.

Desde nosso primeiro encontro, mostrou-se receptiva. Expressou seu desejo de continuar a viver para estar em casa, ao lado de seu marido. Casada havia 60 anos, não conseguia abrir mão do controle e aceitar a ideia de que tudo pudesse correr bem sem a sua presença. Um dos seus maiores ressentimentos era nunca ter ouvido do seu marido a frase "eu te amo". Sugeri que Paula gravasse uma fita com uma mensagem de amor do seu avô para Dona Mônica. Em poucos dias, ela ouvia seu marido dizer o que tinha esperado por tanto tempo.

Em nosso segundo encontro, uma questão ainda mais profunda surgiu – Dona Mônica não se sentia protegida espiritualmente para morrer. Foi capaz de confessar um grande peso que carregava em sua consciência: há dois anos tinha "roubado", recortando de uma figura de papel, um anjo que protegia Jesus. Disse que, desde então, sentia-se culpada e que tinha perdido a sua conexão – tanto com o anjo quanto com Jesus. Acreditava que eles tinham se distanciado dela e por isso agora não tinha nenhuma proteção espiritual para morrer. Mais uma vez Dona Mônica sentia ter perdido o controle.

Percebi o quanto aquela revelação era íntima e importante. Dona Mônica teria que perdoar a si mesma. Precisava reconhecer seus limites diante de sua necessidade de controlar todas as situações. Conversamos sobre as qualidades de amor incondicional de Jesus e de Sua compaixão. Procurei dizer a ela que Jesus sabia cuidar de si. Ele poderia chamar um outro anjo, caso precisasse. Disse a ela: "Jesus é capaz de te perdoar, independentemente daquilo que você fez. A Ele você não fez nenhum mal. Mas se você não se perdoar, aí sim estará se fazendo muito mal".

Parecia difícil explicar à Dona Mônica que ela tinha apenas buscado suprir uma necessidade de proteção interna. Ela não estava acostumada a reconhecer suas próprias necessidades, uma vez que tinha passado toda uma vida cuidando das necessidades dos outros. Pensei, então, que, para ajudá-la, precisaria de algum método que desse a ela uma ideia de perdão.

Para Dona Mônica, fazer as pazes com seu anjo e com Jesus era crucial, pois tinha vivido os últimos dois anos com esse dilema sem nunca tê-lo dividido com ninguém. Lendo sobre os anjos, aprendi que eles têm a função de lembrar às almas a sua origem divina, a sua unidade com Deus. Para Dona Mônica, essa conexão havia sido rompida. Por meio de uma visualização em que se viu próxima do anjo e de Jesus, ela foi capaz de se sentir perdoada por Eles, condição que lhe permitiu perdoar a si mesma.

Ao compartilhar comigo seu "segredo", ficamos mais próximas. Nossas conversas ganharam um tom de intimidade e cumplicidade. Nas três semanas que se seguiram, aprofundei meu contato com Paula. Durante algumas sessões terapêuticas com ela, pude compreender melhor a personalidade de Dona Mônica.

Nosso terceiro encontro aconteceu dois dias antes de seu falecimento. Ao entrar no quarto do hospital, encontrei Paula deitada na cama ao lado de sua avó. O quarto estava escuro. Dentro de poucos minutos, começaria uma forte tempestade. O ar estava pesado e quente.

Ao chegar ao seu lado, Dona Mônica começou a acariciar meu rosto, dizendo que estava muito feliz em me ver. Ela me disse que estava internada somente para "ganhar um pouco de força". Deixou claro que "ainda não estava pronta para morrer", pois precisava voltar para casa e cuidar de seu marido.

Comentei com Dona Mônica que Paula havia me contado sobre as situações difíceis que haviam passado juntas.

Pela maneira como havia superado as dificuldades, eu sabia que ela tinha certeza de que "depois da tempestade vem sempre a bonança". Então, usei a chuva que se aproximava como um exemplo. Disse que, assim como o ar fica leve depois da chuva, ela também se sentiria mais aliviada se não se apegasse tanto às suas preocupações. Ficamos em silêncio e pouco depois começou a chuva. Nos olhamos com alívio. Um novo frescor preencheu o quarto.

Massageei os pés de Dona Mônica. Ela disse que estava com vontade de chorar, mas que não conseguia – habituara-se a segurar as lágrimas. Enquanto fazia a massagem, pedi a ela para levar a atenção à sua respiração. Sugeri que, a cada expiração, ela deixasse ir embora todas suas tensões. Expliquei que segurar a dor provocaria ainda mais dor. Pedi que ela tentasse senti-la sem resistências, para que fosse naturalmente embora.

Depois de um momento de longo silêncio, ela me disse: "Preciso falar". Então, me revelou o quanto estava triste e frustrada com a filha, que morava no exterior, pois ela tinha confessado que não cuidaria do pai depois da sua morte. Pedi para que Dona Mônica deixasse que a Divina Providência tomasse conta da situação. Falamos dos limites dos seres humanos frente à morte.

Dona Mônica se surpreendeu ao perceber que, durante a conversa, havia dito a frase "errar é humano". E comentou: "Se errar é humano, não quero ser mais ser humana... se toda a minha vida eu fiz um esforço enorme para ser perfeita e isso não é possível... então eu não quero mais ser humana!".

"Ótimo!", disse a ela, "então você pode se preparar para renascer ao lado de Jesus e o seu anjo num lugar sagrado e perfeito. Por isso a sua responsabilidade não é mais a de cuidar de seu marido e nem de pensar nas dificuldades familiares. Agora, você deve se dedicar a você mesma. Se você quer renascer ao lado de Jesus, no seu campo sagrado, busque se concentrar nessa decisão. Lembre-se de que a sua mente é pura e tem tantas qualidades positivas, como a bondade. Quando surgirem pensamentos negativos, pense: 'Não preciso mais seguir essa mente negativa, agora o meu objetivo é concentrar-me no campo sagrado'".

Após essa conversa, Dona Mônica se transformou. Repetia as palavras "campo sagrado" incontáveis vezes. Ressaltei que foi justamente sua dificuldade com Jesus que a tornou ainda mais próxima d'Ele – nos sentimos mais próximos de quem nos reconciliamos.

Antes de ir embora, Dona Mônica me agradeceu por tudo e me pediu que colocasse debaixo do seu travesseiro um papel escrito com as palavras: "campo sagrado", com letras bem grandes. Disse também que sentia-se pronta para ir, porque já tinha entendido o que devia fazer. Dona Mônica faleceu na noite no dia seguinte. Paula me contou que sua avó procurou mais de uma vez se assegurar de que o papel estava debaixo do travesseiro. E que também a escutou sussurrar várias vezes a frase: "campo sagrado de Jesus".

COMENTÁRIO

Izabel Telles

Izabel Telles tem um dom muito especial: ela consegue "ver" as imagens guardadas no inconsciente das pessoas. Em 1996, abandonou uma bem-sucedida carreira na área de propaganda para fazer esse trabalho em um consultório. Em 1997, estudou técnicas de cura por meio de imagens com o doutor Gerald N. Epstein, em Nova Iorque (EUA). Esse método ajuda a trazer as memórias esquecidas e as emoções reprimidas à luz da consciência e transformá-las positivamente. Izabel Telles é autora do livro O Outro Lado da Alma *(Axis Mundi).*

Ao ler o relato que a Bel fez sobre Dona Mônica, senti uma forte identificação com essa mulher que viveu quase um século e viu passar sob seus olhos guerras, dominações, os poderes da igreja e dos homens. Como ela, Dona Carmem, minha paciente, também sofreu culpa e muitas vezes não se achou merecedora de perdão.

Mulheres valentes, corajosas, competentes que deram cada gota de seu sangue para manter a família unida. Mulheres que sofreram caladas, que não tiveram acesso à universidade, à liberdade, à independência financeira.

Mulheres que nem sempre puderam expressar sua criatividade, seu lado lúdico, sua graça e feminilidade. Mulheres que foram verdadeiras guerreiras das batalhas do dia a dia sem ter, na maioria das vezes, recebido as medalhas dos grandes heróis.

Mulheres que Deus, sem dúvida, acolhe nos seus braços por terem sido, no mínimo, canais para algumas vidas experimentarem novamente o sabor de desfrutar das maravilhas que Ele criou para nós.

A essas mulheres, do passado, do presente e do futuro, dedico este caso de amor que vivi acompanhando a morte da minha querida Dona Carmem. E as filhas dessas mulheres que, mesmo sem saber bem o que estão procurando, acreditam que o limitado não explica o ilimitado.

Recebo, certa manhã, um telefonema de uma cliente pedindo se eu poderia ir ver as imagens mentais da mãe dela que sofria há muitos anos sem ter nada de grave em seu corpo físico.

Perguntei se ela não poderia vir ao meu consultório, e minha cliente finalmente explicou que a mãe tinha noventa anos e que não saía mais de casa havia muito tempo. Passava o dia entre sentada e deitada, repetindo uma frase que era: "Ai, Jesus", em tom de lamento e dor. Os médicos garantiam que ela não tinha por que sentir dor, uma vez que seus sinais vitais eram perfeitos. Claro que a idade avançada era um fator importante no quadro de Dona Carmem, embora a medicina ortodoxa não descobrisse o porquê do seu "mantra lamurioso", como classifiquei alguns meses mais tarde.

Esse sintoma tinha sido tratado com remédios antidepressivos. Mas Dona Carmem se tornou ainda mais melancólica e prostrada, razão pela qual os filhos decidiram parar com o medicamento.

Fui ver Dona Carmem com a intenção de olhar suas imagens mentais e de ajudar a família a entender por que ela não queria mais falar com ninguém. Por que ela passava o dia todo balançando o corpo, enquanto repetia o mesmo lamento? A pedido dos filhos, deveria também ajudá-la a encontrar a serenidade e a paz para enfrentar o seu fim de vida.

Era de manhã quando atravessei o maravilhoso jardim que cercava o casarão de Dona Carmem. Entrei na sala de visitas e fui recebida pelas filhas. Levava no bolso do meu avental branco o meu gravador portátil, uma fita cassete e um caderninho para tomar notas. Tinha comigo também uma ficha que abri em nome de Dona Carmem, onde havia anotado algumas impressões que senti ao mentalizar seu nome antes de sair.

Lá estava anotado que Dona Carmem era uma pessoa altamente controladora, que sabia de tudo o que se passava ao seu redor. Ela exercia sobre as pessoas um domínio muito forte, especialmente na área material. A imagem que vinha dela era a de um relógio de parede cujo pêndulo só batia para o lado esquerdo. Anotei no pé da ficha: dificuldade em respirar. Corpo tombado para a esquerda. Energia presa na altura do pescoço.

Subi a escada que dava para o quarto dela e já nos primeiros degraus pude ouvir os seus lamentos chorosos e repetitivos. Lamentos ligados a frases proferidas nas igrejas católicas com conteúdos ligados a Deus, Jesus, tem dó, Ave Maria, Pai Nosso, céu. Abri a porta do quarto dela e senti frio, embora fosse verão.

Aproximei-me de Dona Carmem que estava impecavelmente vestida, penteada e perfumada como se fosse sair. Nos lábios um batom rosa e as unhas lixadas ao milímetro. Uma mulher muito bem-cuidada. Cercada do bom e do melhor, como diria a minha querida avó.

Identifiquei-me e elogiei a beleza do seu jardim, da sua casa, do seu bom gosto. Disse que tinha a certeza de que ela apreciava o belo e a poesia. Passei os olhos na estante de livros que havia no seu quarto e me certifiquei de que ela tinha lido bons livros durante sua vida.

Nessa altura, já tinha alguns dados sobre a minha nova paciente. E não queria perder nenhum de vista, especialmente a sua educação religiosa.

Perguntei se eu podia ficar ao lado dela, de mãos dadas, para visualizar suas imagens mentais. Queria tentar encontrar a razão pela qual ela estava tão melancólica e sem vontade de viver. Ela respondeu educadamente: "Pois não".

Peguei suas mãos e tentei me concentrar. Ela mexia o corpo para frente e para trás como se fosse uma autista, repetindo sem parar o seu mantra lamurioso.

Vi que não poderia trabalhar da maneira usual. Perguntei a Dona Carmem se ela queria se deitar. Ela imediatamente concordou.

Com a ajuda da enfermeira, deitamos Dona Carmem. Ao tocar suas costas, pude sentir uma forte escoliose na sua coluna que a deixava encolhida, dobrada para frente.

Cobri todo seu corpo com um cobertor e toquei com extrema delicadeza as extremidades dos seus dedos dos pés. Método de toques sutis, chamado de calatonia, foi criado pelo médico e psicólogo húngaro Pethö Sandor. As sensações provocadas pela calatonia trouxeram calma, segurança e bem-estar imediatos a Dona Carmem. Sentia todo seu corpo relaxar e ela dormiu profundamente. Cobri sua cabeça com um xale quentinho e sentei-me ao seu lado. Vê-la aninhada sobre a cama despertou em mim um grande amor. Senti todo meu ser amando profundamente aquele ser ali na minha frente. Aquela vida com quase um século que tinha passado por tanta coisa, visto e vivido tantas emoções.

Conectei meu coração com o dela e senti que ela também começava a gostar de mim, da minha presença, da minha compreensão, paciência e carinho. Talvez tenha sentido nesse momento um amor de mãe como nunca havia sentido antes. Fiquei muito comovida e agradecida. O universo estava colocando em frente aos meus olhos uma nova forma de amar. Finalmente eu poderia começar com a visualização das imagens. Pedi à enfermeira para fechar as cortinas e comecei a trabalhar.

Na primeira imagem, vejo Dona Carmem subindo uma escada em espiral levando na mão uma lanterna. Ela sobe degrau por degrau, lentamente, até chegar lá no topo. Sai do topo da escada e fica ao ar livre. Há um vendaval que quase apaga a chama da lanterna. Levanta--se uma bruma em frente e ao redor dela. Ela não vê mais nada. Está tudo embaçado, tudo brumoso. Dona Carmem começa a perder as forças. Parece que vai desmaiar. O vento forte que sopra faz com que ela balance de um lado para outro. A chama da lanterna permanece fraca, porém acesa. Vejo que esta escada faz parte de um casarão cujas janelas estão batendo muito. O corpo dela balança cada vez mais, e cada vez mais e seu olhar é de medo, pavor, desequilíbrio, insegurança. Detecto aí uma primeira emoção. Ela está insegura, apavorada.

Despeço-me dela que está ainda dormindo e peço para a enfermeira deixar o quarto a meia-luz. Nada de luz intensa.

Desço as escadas e encontro-me com as filhas dela sentadas na sala de visitas à minha espera. Estavam ansiosas para saber o que tinha acontecido.

"Como estão as imagens da mamãe?", perguntou uma delas, que já conhecia o meu trabalho.

"Ela está com medo, insegura, sentindo-se perdida", respondi.

"Na verdade, ela sempre teve medo e foi insegura", disse-me ela. "Papai a protegia demais. Depois que ele morreu, ela ficou assim meio silenciosa e foi perdendo a vontade de viver. Antes era uma mulher ativa, vaidosa, de bem com a vida. De quatro anos para cá começou a se fechar, calar, não se interessa mais por ninguém e por nada. Parece que perdeu sua vontade de controlar tudo e todos. Está apática, definhando", desabafou.

Pedi a ela que mudasse sua mãe de quarto. Sugeri também que no novo quarto sempre fossem colocadas flores. Também aconselhei que comprassem um aparelho de som para ela. Prometi levar na próxima visita alguns CDs de música New Age.

Elas atenderam a todas as minhas recomendações. Pintaram o quarto que antes era do casal, lavaram as cortinas e os tapetes, mandaram limpar os lustres de cristal e enfeitaram o quarto com jarrões de flores colhidas no jardim da casa.

Depois do primeiro dia que vi Dona Carmem, voltei para o consultório e gravei uma fita cassete com o seguinte exercício:

"Feche os olhos, Dona Carmem. Respire agora três vezes vagarosamente. Expire longamente e respire bem curtinho pelo nariz. Três vezes. Assim... muito bem.

Agora, coloque sua atenção na intenção deste exercício, elaborado para se sentir muita luz, paz e tranquilidade.

Agora veja, ou faça de conta que está vendo, a senhora no topo de uma escada, com uma lanterna nas mãos. Respire uma vez e veja a luz dessa lanterna se ampliando, ampliando, ampliando até que ela ilumine tudo o que está ao seu redor. Respire uma vez e veja o que está à sua volta: um jardim enorme, cheio de flores, aves, pássaros, lagos.

Ouça agora o barulho do vento, o canto dos pássaros e venha descendo dessa escada vagarosamente. A senhora está sendo apoiada pelas mãos dos seres celestes que estão ao seu lado. Venha andar neste jardim iluminado. Ande por ele. Corra por ele. Sinta que maravilha é poder estar caminhando no jardim do paraíso...

Sentindo paz, tranquilidade e luz, respire profundamente e abra os olhos.

Pedi a minha cliente que viesse buscar a fita e que colocasse para Dona Carmem escutar três vezes ao dia.

Sete dias depois voltei a ver Dona Carmem. A enfermeira informou que ela estava dormindo muito melhor, mas a agitação continuava dia após dia e seu mantra lamurioso estava na mesma. Repeti a sessão de calatonia e voltei a ver suas imagens.

Via o seu medo em imagens. Ela subia e descia escadas de pedras em forma de espiral, abrindo e fechando portas, chorando, rodando em círculos, atormentada, perdida, no meio de um lugar cheio de brumas e vento. Dona Carmem parecia presa num redemoinho muito parecido com seu mantra lamurioso, cheio de palavras de insegurança, remorso, aflição, medo e culpas. Eram sentimentos que ela, com certeza, não poderia admitir que estivesse sentindo, considerando-se sua rigorosa religiosidade.

Voltei a criar exercícios com imagens libertadoras. Ficava ao seu lado contando histórias do vento e da luz e só parava quando a história falava de céu e ela dizia: "Assim eu não gosto, tenho medo de morrer". Então eu mudava de tática. Cantava com ela músicas de procissão, rezava algumas orações que eu sabia, falava dos pomares, das flores, do jardim, do tempo. Só não podia falar de temas que lembrassem um caminho desconhecido para ela. Na verdade, ela não sabia o que fazer com a possibilidade da morte. Ela não podia controlar essa fatalidade. E quem pode?

A cada vez que a visitava, levava um CD diferente com músicas sacras, com mantras, com orações, com cantigas de ninar. Gravava novos exercícios a cada sete dias. Mas as imagens insistiam na mesma história de pânico, medo, insegurança.

Cada vez Dona Carmem falava menos. Mas sempre, ao sair, ouvia dela um sincero apelo que me comovia:

"Volte amanhã. Eu gosto muito de você. É muito bom sentir que alguém está tomando conta de mim".

Saía de lá chorando. Nunca ninguém da idade dela tinha dito isso para mim. Não havia escutado palavras tão carinhosas das mulheres da minha família. Afinal, quem estava curando quem? O amor estava curando nós duas.

Nas noites que se seguiram não conseguia dormir pensando na Dona Carmem. Que fazer? Há três meses eu vinha tentando tudo o que eu sabia. Sentia que, apesar de ela estar dormindo melhor, mais relaxada, mais tranquila, o mantra lamurioso continuava.

Liguei para um psiquiatra muito sábio e amigo, com quem atendo alguns casos em conjunto, e falei sobre o mantra lamurioso.

Ele me contou que, uma vez, na Itália, teve um caso assim. Ao investigar pela aldeia descobriu que era costume local repetir aquele lamento. Fazia parte da cultura. Não era nada mais significativo do que isso.

Pensei, então, em criar um novo mantra para ela e repetir algo como *estou livre,* mas também não deu certo. As imagens continuavam a mostrar prisões. Ela aparecia aprisionada entre a linha do horizonte e o céu. Estava presa em masmorras, sendo esmagada pelo espaço celeste.

Eu perguntava a Dona Carmem o que ela queria, mas ela não sabia me dizer.

Eu já não dormia pensando nela, tentando encontrar uma solução, uma saída.

Os filhos dela sempre me davam apoio e tentavam tudo o que eu pedia: mais flores, mais cobertores, mais música, mais paciência, mais alegria.

Até que uma tarde decidi deixar gravado um exercício no qual ela encontrava uma chave no chão de uma masmorra. Ela punha a chave, girava, a porta se abria e ela estava livre. Recomendei que Dona Carmem levasse a chave com ela caso quisesse voltar para o lugar conhecido. Pedi que ouvisse a gravação por sete dias.

No final do período, voltei para ver as imagens e finalmente vi Dona Carmem menina, sorrindo, brincando sem sapato dentro de um rio. Correndo de braços abertos em direção do horizonte. Daí para frente, as imagens denotavam leveza, corpos se abrindo, subindo levemente para o céu. Corpos vibrando e se desfolhando como uma massa folhada, água escorrendo pelas ruas levando a menina pela enxurrada. Eu tinha a certeza de que o fim dela estava se aproximando.

Nessa altura, minha mãe ficou muito doente. Foi internada numa UTI em estado muito grave e não pude mais acompanhar Dona Carmem.

Porém, à noite, antes de dormir, pensava nela e via suas imagens de despedida. Imagens fluidas, mostrando-a andando em direção a luzes, nuvens. Elas já não mostrava medo ou pânico. Parecia cada vez mais serena. Imagens parecidíssimas com as que eu via quando pensava em minha mãe.

Um mês depois de ter parado de ir vê-la e no auge da agonia de minha mãe, recebo um telefonema da filha da Dona Carmem que me anunciou aquilo que eu já sabia:

"Isabel, mamãe morreu". Hesitou por um momento e disse: "Nós te devemos alguma coisa?"

Eu disse a ela:

"Eu que devo a ela o muito que vivi ao lado seu".

Minha mãe morreu quinze dias depois. Na hora do seu enterro, me lembrei de Dona Carmem. E de todas as mães que os filhos tinham perdido. E do meu coração saiu um pedido de aplauso para aquela mulher, que também tinha sido tão maravilhosa. E todos ali presentes aplaudiram cheios de energia.

Como Ir Além do Medo e da Esperança

CASO LUIZ

Em setembro de 1997, conheci Luiz por indicação de seu médico oncologista Jacques Tabacof. Na época com 69 anos, ele tinha um diagnóstico de câncer no pâncreas, considerado incurável.

Durante os dez meses de tratamento de quimioterapia, Luiz veio ao meu consultório uma vez por semana. Ele gostava de receber massagem nas pernas e nos pés, pois ajudava a desinchá-las. Fazíamos também exercícios de relaxamento, através de visualizações e música. Era agradável estar com ele. Não sentíamos muita necessidade de conversar. Nosso principal objetivo era de superar a sua sensação de angústia frente ao desconhecido.

Observava duas características muito fortes em Luiz. De um lado ele se mostrava como um "yogue-cientista", pois, além de gostar de meditar, estava constantemente atento às pequenas mudanças em seu corpo e em sua mente. De outro lado, buscava ser prático, um homem de negócios direcionado a resultados concretos. Luiz avaliava sua melhora pelo seu grau de eficiência no comando de sua empresa. Mesmo de cama, continuava a administrar por telefone suas atividades. Quando se via sem forças, ficava indignado e raivoso.

Luiz era inteligente, cuidadoso, persistente e direto. Sabia brincar com as situações com um humor particular. Divorciou-se cedo e tomou a guarda de sua filha, Estela, quando ela tinha nove anos. Naquela época, com 28 anos, cabia a ela a responsabilidade de cuidar de seu pai.

Luiz foi um homem dedicado e honesto. Porém, não sabia bem como lidar com suas emoções. Apesar de ser sensível, e um filósofo nato, não havia desenvolvido a sua espiritualidade. Era um estudioso das religiões, mas não costumava rezar.

No décimo mês de tratamento de quimioterapia, Luiz ficou de cama. As questões emocionais não resolvidas entre ele e seus familiares vieram à tona. Para encontrar novas soluções, fizemos reuniões com sua filha Estela e Marcos, seu namorado. Conversamos sobre as diferentes necessidades afetivas de cada um frente àquela situação. Criamos também condições para que Luiz pudesse esclarecer quais eram seus "direitos e deveres", como ele assim os chamava. Por exemplo, ele gostaria de ser informado sobre detalhes do seu tratamento e de suas internações para ter uma perspectiva de como seria o seu dia a dia. Como resultado desses encontros, Luiz aceitou que necessitava abrir mão do controle de muitas questões administrativas e financeiras.

No entanto, sua maior aflição era ter perdido o controle de seu próprio corpo. Através de relaxamentos, aprendeu a observar a reação dos remédios em si mesmo. A calma conquistada por meio desses exercícios ajudou Luiz a dar mais importância a cada vez que conseguia se sentir de fato bem consigo mesmo. Aos poucos, conseguiu libertar-se das pressões externas. Isto é, sabia que estar bem no momento presente seria mais importante do que ter uma suposta garantia de melhora num futuro próximo. Passou a aceitar os limites externos, como a dor e a dificuldade de dormir, e ao mesmo tempo descobriu novas possibilidades internas, como não se desesperar nesses momentos.

Dessa forma, Luiz compreendeu que poderia continuar cuidando da sua mente, mesmo quando não podia mais fazer nada pelo seu corpo. Durante as sessões, eu costumava fazer a prática de Autocura Tântrica NgelSo, fazendo os mudras (gestos de mãos) sobre ele. Após a prática, ele costumava dizer que sentia a sua mente *"limpa"*.

Certa vez ouvi de Lama Gangchen Rinpoche: "No momento que estamos sem esperança precisamos de algo novo, de uma energia nova!". Esse "novo" surgia a cada visualização, que estimulava a imaginação criativa de Luiz.

Após uma longa visualização que despertou em Luiz imagens de uma guerra em que ele buscava, com muito esforço, salvar uma jovem presa nas pedras de um rio, Luiz me disse: "Se ao menos eu pudesse morrer em guerra, lutando..., mas me ver morrendo de fraqueza é como perder o respeito e a dignidade". Pudemos, então, trabalhar com seu arquétipo de guerreiro sendo mutilado.

O guerreiro tem como meta vencer, fazer as coisas à sua própria maneira, definir uma disputa. Seu maior medo é a fraqueza, a impotência e a inércia. O guerreiro dentro de nós pede que tenhamos coragem, força e integridade para vencer os obstáculos. Mas necessita superar a arrogância para saber lutar somente pelo que é importante.

Luiz via sua morte como um inimigo a ser vencido. E, assim, criou para si mesmo um problema sem saída. Tornou-se seu próprio inimigo. Após compreender que estava sendo arrogante ao não admitir sua própria mortalidade, pôde dar mais importância ao fato de ainda estar vivo do que lutar contra a ideia de morrer.

Após conversarmos sobre a importância de resgatar seu guerreiro interior, para superar seu sentimento de fraqueza, retomamos as visualizações de sua batalha. Dessa vez, viu-se como um samurai que atravessava rios e diversas pedras até conseguir salvar a moça que se encontrava presa nelas. Após tê-la salvo sentiu-se mais confiante e melhor fisicamente: dores haviam passado quando terminamos a visualização.

Luiz ganhava forças quando pensava: *"Uma briga justa vale a pena"*. Isso o ajudava a se lembrar do que ele ainda era capaz de realizar em seu interior, apesar de estar fisicamente cada vez mais fraco. Aos poucos, Luiz passou a reconhecer que ficava irritado nas situações em que sentia-se culpado por não ter "brigado", "lutado" e ter se resignado, ficando no papel de "bonzinho".

Luiz precisava recuperar sua capacidade interna de combate – aprender a ficar firme frente a certas situações diante das quais costumava ceder. Assim, tornou-se mais participante nas questões relativas à sua doença e mais claro nas suas necessidades afetivas.

O guerreiro interno havia dado forças para Luiz entrar em contato com suas carências emocionais e tristezas. Assim, ele despertou dentro de si um novo arquétipo: o do destruidor, que tem como meta a transformação. Agora, seu maior medo era o da aniquilação completa – a morte sem renascimento. Sua tarefa era aprender a entregar-se e aceitar sua mortalidade. Para isso, era preciso desenvolver sua humildade.

A tristeza é um sentimento que nos humaniza e nos ajuda a ser humildes, isto é, a reconhecer nossos limites. Essa era a transformação que faltava para Luiz.

Assim, aos poucos, ele foi deixando sua atitude mental de excessivo controle, isto é, passou a *sentir* mais do que *pensar*.

Mas seu medo de morrer ainda era evidente. Ficava três, quatro noites sem dormir. O arquétipo do destruidor havia atacado suas defesas. Luiz agora reconhecia sua mortalidade e sentia medo do desconhecido. "Entender os mistérios quase sempre requer um encontro com o medo e o reconhecimento que a realidade última do universo não é assim tão bonita, bem-arrumada e sob controle humano", escreveu Carol S. Pearson em seu livro *O Despertar do Herói Interior* (Pensamento).

O medo da morte constituía o pano de fundo de toda essa situação. Luiz passava o dia todo muito inquieto. Estela e Marcos procuravam contornar ao máximo a situação. Eu ia diariamente à sua casa à noite, para relaxá-lo para dormir. Quando saía, estava dormindo, mas frequentemente, depois de uma hora, ele voltava a acordar. Em nossas conversas, ele mostrava a intenção de tentar outras formas de tratamento e não via sua morte como próxima, apesar de algumas vezes deixar escapar uma impressão mais realista.

Nosso dia a dia com Luiz era um constante treino de "aceitar que não sabemos nada" ou que "não temos mais o que fazer".

Renunciar a tudo, até à esperança, é algo muito difícil, mas esse é o ponto de partida para uma mudança. *"Sem desistir da esperança – de que há um lugar melhor para estar, de que há alguém melhor para ser – nunca relaxaremos onde estamos ou naquilo que somos"*, escreveu a monja budista Pema Chödrön no livro *Quando Tudo Se Desfaz* (Gryphus).

"Enquanto estivermos viciados em esperança, pensaremos que podemos abrandar nossa experiência, torná-la mais intensa ou, de algum modo, modificá-la – e continuaremos a sofrer muito", nos ensina Pema Chödrön. *"Esperança e medo são um único sentimento, com dois lados. Enquanto houver um, sempre haverá o outro"*, diz ela.

Pema Chödrön traça um retrato fiel da nossa realidade cotidiana. *"No mundo da esperança e do medo, sempre teremos que mudar de canal, ajustar a temperatura ou procurar outra música, porque algo está se tornando desconfortável, algo está se tornando inquieto, algo está começando a doer, e nós continuamos a procurar alternativas. (...) Esperança e medo surgem porque sentimos que nos falta algo, de um sentimento de carência. Não conseguimos simplesmente relaxar em nós mesmos. Agarramos a esperança e ela nos rouba o momento presente"*, assegura.

"Mas, se experimentarmos completamente a desesperança, desistindo de qualquer expectativa de alternativa

para o momento presente, poderemos ter uma relação prazerosa com nossa vida, uma relação honesta e direta, que não mais ignora a realidade da impermanência e da morte", aconselha a monja Pema Chödrön.

Aceitar abandonar as esperanças era também o meu desafio. Tocada pelo texto de Pema Chödrön, reuni forças durante o dia, preparando-me para falar à noite com Luiz a verdade de que não tínhamos mesmo mais nada a fazer.

Ele também sabia que não havia mais esperança. Mas ainda não tinha tido a coragem de falar sobre isso em voz alta. Então, pensei que ao declarar essa verdade ajudaria Luiz a sair da solidão de seu conflito interno. Tínhamos um vínculo de confiança mútua que nos sustentaria. Sabia, por tudo o que havíamos conversado durante as sessões, que ele teria condições psicológicas para suportar a realidade. Lidar com a verdade é, em si mesmo, um ato organizador. Como diz Lama Gangchen Rinpoche: "O mesmo obstáculo que faz você cair serve depois de apoio para você se levantar".

Então, à noite, sentei ao seu lado, segurei sua mão e disse a ele: "Passei o dia todo me concentrando para o que vou te dizer agora, e eu acredito que estou fazendo o que é mais correto. Nós precisamos lidar com a realidade, pois estamos nos afastando cada vez mais dela quando estamos querendo apostar em novos tratamentos. Você sabe que não há mais o que fazer, agora temos que aprender a viver o momento presente".

"Como? Você está querendo me dizer que estou mesmo morrendo?", perguntou Luiz surpreso.

"Eu estou querendo te dizer que não podemos mais negar que somos mortais, mas que estarei ao seu lado o tempo que você quiser".

Depois de alguns longos segundos de silêncio, disse: "Puxa, então não tem mais nenhum tratamento para fazer?...".

Continuei a lhe dizer: "Luiz, você tem estado tão angustiado que nem tem mais vivido o momento presente". E, sem resistências, ele logo concordou dizendo: "Você tem razão. Chame minha filha, quero conversar com ela".

Assim, nos reunimos com sua filha e o namorado e compartilhamos a verdade. Emoções até então não expressas vieram à tona. Depois que cada um falou o que precisava, ficamos juntos em silêncio. Choramos até relaxar. Depois de um longo tempo, ele me disse: "Bel, agora você pode ir, eu já estou bem. Só queria fazer mais uma reunião outra vez".

Pela primeira vez, durante muitas semanas, ele dormiu a noite toda. Essa foi uma das provas do resultado positivo de nossa conversa.

No dia seguinte, Estela e seu namorado resolveram ficar noivos. Marcos pediu a Luiz, formalmente, a "mão de sua filha". Luiz reagiu muito bem à notícia, pois assim estava seguro de que sua filha estaria amparada.

Ainda nos reunimos junto com Estela e Marcos mais uma vez, conforme seu pedido. Como as questões pendentes haviam sido resolvidas, ninguém sabia ao certo o que conversar. Então, ficamos em silêncio um bom tempo até que Luiz disse: "Eu tinha tanto para falar, mas acho que já não tenho mais. Estou em paz". E começou a chorar serenamente, enquanto me dizia: "Sabe, Bel, estas lágrimas agora não são de tristeza, são de agradecimento, eu não pensei que fosse chegar a sentir o que estou sentindo, eu estou em paz. Te agradeço pela ajuda que você me deu".

Eu também me sentia profundamente grata por tudo. Com os olhos cheios de lágrimas, depois de nos abraçarmos, eu lhe disse: "Aprendi que, quando não encontramos mais palavras, não é que não temos mais o que dizer, é que aquilo que queremos comunicar é só de coração para coração. E nesses momentos rezar é o melhor jeito de nos comunicar. Sugiro que cada um faça a sua oração. Se a fizermos em voz alta, estaremos de fato abrindo nossos corações".

Todos aceitaram. De mãos dadas, com profunda emoção, cada um no seu tempo, de acordo com a sua expressão religiosa, dedicou-se e agradeceu de coração por aquela oportunidade.

Depois, Luiz dormiu tranquilamente. Nos próximos dias, sentíamos que Luiz estava bem e que partia aos poucos. Não teve mais ataques de pânico ou ansiedade. Era evidente a sua aceitação. Na última vez que estive com Luiz consciente, ele me abraçou com firmeza e me disse: "Conseguimos". E eu respondi a ele: "Como guerreiros de Shambhala, guerreiros da paz".

COMENTÁRIOS

Dr. Jacques Tabacof

Médico oncologista clínico e hematologista formado pela USP em 1985 com residência no Hospital das Clínicas da FMUSP e fellow em oncologia clínica de 1991 a 1993 no M. D. Anderson Cancer Center em Houston, Texas. Atualmente é oncologista clínico do Centro Paulista de

Oncologia, Hospital Albert Einstein e Sírio Libanês. Membro da Sociedade Americana de Oncologia Clínica, Sociedade Brasileira de Oncologia Clínica.

Quando atendi o Sr. Luiz pela primeira vez, com o diagnóstico de câncer de pâncreas avançado e já espalhado pelo corpo, tive a sensação de que teríamos uma jornada juntos até o fim... Tentaria controlar o câncer por alguns meses, com quimioterapia, e iniciaria aquela rotina de exames e tratamentos para controlar os sintomas, acompanhando o desenvolvimento da doença. Sua única filha o acompanhava e relatava que sua mãe morrera já havia algum tempo. Desde o início percebi que algo a mais precisava ser feito e que simplesmente desempenhar o meu habitual papel de oncologista, da melhor maneira possível, não seria suficiente.

Sugeri que procurasse a Bel Cesar para fazermos um tratamento paralelo e complementar. Conhecia Bel e seu trabalho há alguns anos e já havia feito, inclusive, sessões terapêuticas com ela.

O Sr. Luiz respondeu ao tratamento de maneira excepcional e muito melhor que a maioria das pessoas com o mesmo diagnóstico. Com a convivência, nos tornamos amigos. Assim pude perceber sua grande cultura e seus mais variados interesses, como a história das religiões, por exemplo.

Na prática da oncologia, nos acostumamos com a morte. Nos relacionamos com ela de diversas formas – buscamos conforto nas estatísticas mundiais, nos consolamos nas pequenas melhoras... Enfim, conseguimos dormir por termos certeza de que fizemos o melhor possível, porque fomos presentes e conscienciosos.

A morte geralmente pode ser prevista e, na maioria das vezes, já sabemos quando teremos de acompanhar uma jornada inexorável até ela. Quando o paciente está próximo do fim, tentamos preparar a família, reconhecendo que nossos recursos de tratamento para manter a vida foram esgotados. Nos familiares mais voltados para a vida espiritual, percebo mais aceitação, menos revolta. O processo parece ser um pouco mais fácil.

Mas por mais aguçado que sejam nossos esquemas de defesa psicológicos – "este câncer é mesmo incurável por enquanto..." – e mesmo com a certeza de fazermos o melhor, ainda acredito que é possível fazer algo mais. A Bel fez este algo mais junto ao Senhor Luiz. Ela começou a trabalhar quando ele ainda estava relativamente forte. Esse contato mais prolongado permitiu que o Senhor Luiz criasse respeito pelo trabalho que estavam fazendo, pois sentia seu efeito terapêutico e tranquilizador. Da minha parte, esperava que o conhecimento que ele demonstrava das religiões orientais tornasse o processo da morte mais fácil. Mas, como Bel bem observou, o conhecimento teórico das religiões e a verdadeira espiritualidade nem sempre andam juntos.

Durante essa fase, várias coisas importantes aconteceram na vida do Senhor Luiz, inclusive o noivado de sua filha. Foi uma época rica de experiências. Percebia que as sessões com a Bel nem sempre eram fáceis e tinham grande impacto em toda família, pois assuntos que nunca foram abordados de maneira direta vieram à tona.

Graças ao trabalho da Bel, da fisioterapeuta Ana, dos auxiliares de enfermagem, da sua filha e noivo e de outras pessoas dedicadas, o Senhor Luiz pôde falecer em casa tranquilamente, no seu ambiente familiar. Para um médico, a morte de um paciente pode trazer sentimentos de derrota e frustração. Mas, trabalhando com Bel e com pacientes com câncer, aprendi a acompanhar esse processo de uma maneira pacífica. Consegui, assim, alcançar um sentido maior para a vida.

A sensação que tive no momento e nos dias que se seguiram foi de paz, de dever cumprido. Algo a mais tinha sido alcançado naqueles meses que antecederam à morte do Senhor Luiz. É possível que, para ele, esse período tenha se tornado um tempo de crescimento e de expansão internas, em que pôde vivenciar experiências importantes e genuínas.

Maria Helena Franco Bromberg

Psicoterapeuta pela PUC/SP, mestre e doutora pelo Programa de Psicologia Clínica da PUC-SP. Professora associada da PUC-SP na Faculdade de Psicologia e no Programa de Estudos Pós-Graduados em Psicologia Clínica. Professora do Curso de Especialização em Psico- -Oncologia do Instituto Sedes Sapientae – SP. Professora do Mestrado de Saúde Mental da Universidade Católica Dom Bosco, em Campo Grande (MS). Autora do livro Psicoterapia em Situações de Perdas e Luto *(Psy). Coautora dos livros:* Ensaios sobre Formação e Rompimento de Vínculos Afetivos *(Cabral) e* Vida e Morte, laços de existência *(Casa do Psicólogo). Fundadora e coordenadora do LELu da PUC-SP e sócia-fundadora do Quatro Estações – Instituto de Psicologia.*

Quando iniciei os estudos sobre o luto, tinha muito interesse em conhecer o que ocorre com o ser humano ao enfrentar situações de rompimento de vínculos, em particular por morte. Acreditava que esses rompimentos estavam relacionados ao tipo de vínculo formado anteriormente, e que esse vínculo era diferente e específico para cada relação. A teoria confirmava o que eu tinha concluído, principalmente os estudos do psiquiatra inglês John Bowlby, que se destacou nos trabalhos sobre a formação do apego. Suas pesquisas envolviam a experiência de crianças submetidas às situações de afastamento do lar ou perda dos pais durante a II Guerra Mundial.

Fui à Inglaterra, em janeiro de 1991, estudar mais profundamente o assunto. No Brasil, nada havia ainda sobre o tema "luto", seja traduzido em livros seja publicado por autores brasileiros. Lá, encontrei o psiquiatra Colin Murray Parkes, que viria a ser mais tarde meu caro conselheiro e professor. Ele havia sido contemporâneo do doutor Bowlby, durante os trabalhos desenvolvidos no *Instituto Tavistock*, na década de 1970.

O doutor Parkes é o psiquiatra consultor do *St. Christopher's Hospice*, em Londres. Guiada por suas palavras cheias de experiência e sabedoria, fui conhecer o *hospice* e entrei em contato com um campo totalmente novo para mim. Ali encontrei respostas para muitas das minhas perguntas, que nem ainda sabia formular direito. Havia toda uma abertura em relação ao processo do luto, tanto em relação com o que a pessoa experimenta com a aproximação da morte como também em relação àqueles que com ela mantinham vínculos afetivos.

O *hospice* é um lugar para onde vão as pessoas que, em seu tratamento para uma doença crônica ou potencialmente fatal, buscam receber tratamento não curativo que lhes possibilite viver com dignidade e serenidade esses períodos tão difíceis. Não são realizadas manobras heroicas ou fúteis na tentativa de salvar a pessoa da

169

morte. Mas um *hospice* também não é apenas um local para morrer. É um lugar para viver, enquanto vida houver, da maneira como entendemos a vida. Os direitos da pessoa doente e daqueles com quem ela se relaciona são resguardados. São respeitados seus valores essenciais e a suas decisões tomadas em conjunto com a família. Procura-se manter o contato estreito com aqueles que lhe são significativos.

Percebi também uma extensa formação técnica nos profissionais e voluntários que ali trabalhavam. Não lhes bastava saber o que fazer. Eles precisavam também querer fazer seu trabalho, integrar sua atividade a uma filosofia que desse sentido ao que faziam. Essa compreensão, essa maneira de entender mais profundamente a vida, ficava evidente nas conversas com essas pessoas. Para elas, tinha tanta importância e merecia igual respeito o voluntário que ia cuidar do jardim ou fazer a barba dos pacientes quanto o médico reconhecido internacionalmente pelo seu trabalho. O importante para elas era que cada um pudesse dar o melhor de si, no seu campo de atuação, para as pessoas ali internadas. Assim, o doente poderia enfrentar sua morte com equilíbrio e serenidade, integrando todos os aspectos envolvidos e se abrindo para esse acontecimento de extrema importância.

A associação entre a vida no *hospice* e um processo de luto mais bem resolvido ficou evidente para mim. Tornou-se claro que o luto não é apenas uma recomendação da Organização Mundial de Saúde. É um conjunto de ofertas de cuidados especiais, ao paciente e sua família, nessas condições finais de vida.

Voltei para o Brasil e fui buscar parceiros para um sonho. Quem, neste país, pensava como eu e tinha interesse em buscar melhores condições para o último período da vida? Procurei algumas pessoas, mas só encontrei esforços dispersos nesse sentido.

Continuei a estudar o luto e completei a pesquisa para o doutorado na PUC-SP. Atendi muitos pacientes, conversei com muitos familiares e profissionais que se dispuseram a compartilhar comigo a sua experiência. Também pude realizar uma pesquisa sobre o tema, com suporte do CNPq (Conselho Nacional de Desenvolvimento Científico e Tecnológico). Ao longo de dois anos, acompanhei pacientes fora de possibilidades terapêuticas num ambulatório de oncologia clínica no Estado de São Paulo. O objetivo dessa pesquisa era identificar as condições em que essas pessoas – e seus familiares – viviam seu último período de vida. Também fazia parte dos estudos o acompanhamento da equipe que os assistia.

Comigo estavam seis auxiliares de pesquisa, jovens que amadureceram muito pessoalmente, a partir do contato com aqueles pacientes e seus familiares. Vivíamos olho no olho, coração no coração, o que significava aquela experiência – estávamos com aquelas pessoas todas as semanas. Mesmo quando elas não podiam ir ao ambulatório, porque não tinham como se locomover ou porque seu estado havia se agravado, alguém da família ia até ao nosso encontro e o contato era mantido.

Os resultados dessa pesquisa mostraram a grande quantidade de pacientes que morriam em sofrimento. Havia, é verdade, uma proposta séria de lhes oferecer cuidados paliativos que amenizassem suas dores. Isso era feito. No entanto, o sofrimento era de tal ordem e tão amplo, que os cuidados paliativos oferecidos pareciam gotas de água no oceano.

Alguns poucos pacientes olhavam de frente para o que estavam vivendo, mas a maioria relutava em reconhecer a importância daquele momento final, por temê-lo ou por estarem desmedidamente apegados à vida. Havia muito medo, também, pelo desconhecido que estava por vir.

Os familiares viam-se impotentes para aliviar esse sofrimento e nem tinham quem pudesse dar a eles qualquer tipo de apoio psicológico. Embora nosso objetivo, como pesquisadores, fosse apenas o de descrever a situação, tornou-se imperativo que começássemos a atuar diante dele para poder entendê-lo.

Trabalhar com a pessoa doente que não mais responde aos tratamentos que visam sua cura significa, também, entrar em contato com a experiência de luto que essa pessoa vem vivendo. Enfrentamos, junto com ela, as mudanças que ela experiencia, suas restrições e limitações. Geralmente, o doente deixou de ser quem era para se transformar em outra pessoa, com reações ou características que não gostaria de ter, se pudesse escolher. De maneira semelhante, quem com ela convive se vê atingido por esse processo de mudança, com todas as implicações que dele surgem: aprender novos papéis, abdicar de alguns projetos ou sonhos, pensar na própria mortalidade.

Embora em algum canto da mente e do coração se saiba que a morte faz parte da vida, e que as duas estão indissoluvelmente ligadas, não é tarefa fácil enfrentar o processo da última etapa da existência.

Por isso, gostaria de relatar aqui o caso de João, que mostra muito do trabalho psicológico que pode ser feito junto à pessoa no processo de morrer e o acompanhamento a seus familiares nesse período difícil, mas pleno de significados.

João, homem de 30 anos, tinha câncer no pulmão. Sua doença o impedia de trabalhar, pois sua atividade como caseiro de um sítio exigia que se movimentasse muito, acompanhando o trabalho que precisava ser feito ou, muitas vezes, fazendo ele mesmo o que era preciso.

Sua esposa, jovem e decidida, afligia-se muito ao ver a condição do marido. Eram bons companheiros e tinham dois filhos pequenos. João gostaria de voltar a ser o homem ativo que sempre fora e a disponibilidade da esposa em ajudá-lo no que fosse preciso só contribuía para que se sentisse com menos valor e mais ciente de suas limitações.

Em nossos encontros, ele falava de como se sentia mal por poder fazer cada vez menos. E por viver cada vez menos. Conversamos também sobre como a vida tinha sido dura com ele e sua esposa. Ao mesmo tempo, vimos como eles tinham aprendido com a vida, sem se tornar pessoas amargas.

A palavra "morte" surgiu naturalmente, como sinônimo de suas limitações. Ambos falaram da proximidade da morte dele e de como essa realidade os afetava, individualmente. Em vários momentos, o sentimento predominante foi de tristeza, em outros foi de expectativa e medo, diante das responsabilidades que deveriam ser assumidas pela esposa. Mas, aos poucos, foi ficando claro para João sua necessidade de manter-se vivo, até o momento de sua morte.

Pode parecer um paradoxo, mas esta é uma preocupação constante por parte dos pacientes que veem se aproximar seus últimos dias. Eles temem ser "mortos" antes de morrer, por não serem mais considerados nas decisões familiares, por não serem mais ouvidos em suas necessidades e decisões pessoais. João não era diferente.

No trabalho com João e sua esposa, o principal objetivo era conversar sobre a vida que poderia ser vivida naquelas condições. Muitas vezes, senti-me como uma tradutora de sentimentos dos dois, de forma que ambos pudessem entender o que se passava com o outro. Eu não me deixava de surpreender ao ver como duas pessoas que haviam privado da intimidade que existe entre os casais ainda tinham tanto pudor em falar de seus desejos, sentimentos, temores, projetos diante desse momento final. Daí a necessidade dessa tradução, na tentativa de fazer com que esses sentimentos, temores, projetos fossem tornados acessíveis a ambos.

Pessoas simples que eram, entravam em contato facilmente com as sutilezas de sua experiência, sem complicar além do que ali já naturalmente havia de difícil. Duas semanas após a morte de João, sua esposa veio me ver. Estava tranquila e contou que João também estivera assim, pouco antes de morrer. Sua morte se deu no hospital, pois os patrões ficaram muito nervosos vendo o agravamento do estado de João e consideraram que seria um abandono deixá-lo morrer em casa. Os filhos não puderam estar com ele, mas a esposa permaneceu ao seu lado o tempo todo.

Cinco dias antes da morte, João pediu para ser levado à igreja que frequentava, pedido esse que foi satisfeito por um vizinho do sítio, que o levou em seu carro. Não era horário de culto, mas João queria ficar na igreja somente com suas orações. Foi internado no dia seguinte e permaneceu no hospital até morrer.

Assim, sua esposa relatou como foram os últimos dias do seu companheiro. Suas palavras revelavam emoção e calma, ao mesmo tempo. Disse que sabia que o maior sofrimento de João foi vivido quando estava aflito por não poder fazer as coisas que sempre fazia e por se sentir inútil, como se já estivesse morto. Ao apaziguar o coração, pôde enfrentar sua morte com mais tranquilidade.

João e muitos outros pacientes mostram a extrema necessidade do apoio psicológico nesses momentos. Vi o quanto é importante oferecer à pessoa que se aproxima da morte a oportunidade de viver integralmente essa etapa, de maneira que continue próxima de sua essência, daquilo que realmente importa. E que ela possa enfrentar a morte nessa condição integrada, como ser humano total que é.

As lembranças do trabalho feito com João e sua esposa me fazem pensar nas semelhanças existentes entre sua história e a de Luiz, ambos com vínculos muito fortes com sua relação com o trabalho. Embora em condições de vida muito diferentes, na história de ambos fica clara a importância de, ao menos no último período da vida, a pessoa se perceber como alguém que pode ser, em lugar de alguém que deve produzir.

A identidade dos dois homens estava ligada aos valores associados ao trabalho. Em consequência disso, as limitações trazidas pela doença atingiam exatamente essa identidade. Em ambos os casos, permitir que entrassem em contato com aqueles aspectos genuínos e essenciais de sua existência foi o recurso que os levou a viver, mesmo que tivesse sido por um breve período, sem usar a capa protetora do homem que trabalha para poder existir.

A maneira como estes dois homens viveram seus últimos dias nos mostra como é possível estar junto da pessoa que morre e acompanhá-la na direção do encontro com o seu ser, escondido sob o papel social.

Vejo o quanto é importante oferecermos à pessoa que se aproxima da morte a oportunidade de viver intensamente esse período, de maneira a continuar próxima de sua essência, daquilo que realmente importa. Só assim ela poderá manter sua condição interna integrada.

Ajuda Incondicional

CASO PETRA

Em julho de 1998, conheci Petra durante um curso que dei, na Itália, sobre como lidar positivamente com a ideia da morte. Durante a semana em que durou o curso, Petra e eu criamos um vínculo de afeto e confiança. Ela reelaborou a morte recente de seu pai, assim como refletiu sobre a sua própria morte, uma vez que sabia que não estava bem de saúde.

Petra era delicada e terna e, ao mesmo tempo, firme e decidida. Sua espiritualidade era presente no seu modo de ser – disponível para amar e ser amada. No final do curso, ela expressou a vontade de que eu estivesse ao seu lado, caso seu estado de saúde piorasse. Voltei para o Brasil. Cinco meses mais tarde sua mãe me ligou. Petra estava hospitalizada e queria me ver.

A causa da sua hospitalização era uma infecção ainda desconhecida. Seu estado de saúde era muito grave, com febre alta e insuficiência pulmonar.

Como já estava com uma viagem marcada para a Itália, fui visitá-la assim que cheguei. Ela estava na UTI com máscara de oxigênio, submetida à respiração força-da. Devido a experiências precedentes, sabia que esta era uma situação extrema, uma vez que se a máscara fosse removida para aliviar o desconforto do paciente, ele morreria de asfixia em poucos minutos.

O médico de plantão foi gentil e colaborador. Permitiu que eu ficasse na UTI ao lado de Petra o tempo que quisesse. Estavam presentes a mãe e o namorado de Petra. Nós nos revezávamos para ficar ao seu lado. Todos estavam calmos.

A falta de ar é um estado que desperta a sensação de emergência contínua. Petra estava assustada e seus olhos expressavam dúvida e medo. O médico já havia me dito que ela seria logo entubada e pediu minha ajuda para falar com a família.

Então, me reuni com a família fora do quarto e nos preparamos para esse momento. De mãos dadas, formamos um círculo e dirigi uma curta meditação. Além de lembrar do quanto é importante aceitar as situações sem julgá-las, ressaltei a ideia de que não havia nada de errado no fato de morrer. Sua mãe disse que era com um grande alívio que ouvia essa frase. Confessou que se sentia culpada. Como ela, muitos familiares pensam que não fizeram tudo o que poderiam ter feito pelo bem-estar de seus parentes.

Esse sentimento de culpa é resultante de uma supe-ravaliação de nós mesmos: pensamos que poderíamos ter feito algo que, na realidade, não nos cabia fazer. Um dos motivos por que isso acontece é que confundimos os nossos sentimentos com os sentimentos dos outros. Muitas vezes não sabemos o que acontece dentro de nós, mas temos "certeza" do que acontece com os outros. Temos o hábito de concluir, sem consultá-los, o que eles pensam e por que agem de determinada maneira.

Quando a pessoa com quem temos o hábito de pensar "por ela" está morrendo, ilusoriamente pensamos ser capazes de fazer algo no lugar dela. Queremos fazer de tudo para aliviá-la da dor e de seus conflitos emocionais. Mas uma vez que não atingimos nosso objetivo de acalmá-la, sentimos culpa, como se não tivéssemos feito o suficiente. Precisamos compreender e aceitar que nada podemos fazer no lugar de outra pessoa, a não ser inspirá-la a fazer algo por ela mesma. Por isso, é saudável reconhecer que a morte é algo natural e que *não há nada de errado em morrer*. Assim, poderemos abandonar a culpa baseada em pensamentos de que sempre poderíamos ter feito mais.

O sentimento de culpa também está presente na pessoa que está morrendo. Muitas vezes, ela se sente "responsável" pela sua doença e um peso para a sua família. Também se sente culpada por "abandonar" aqueles que ficam: pais, filhos ou marido. Esse sensação surge quando pensamos ser capazes de estar sempre presentes quando o outro precisar de nós, assim como uma mãe gostaria de poder consolar seu filho sempre que ele necessitasse de consolo.

Durante a vida, temos inúmeras oportunidades para aceitar as separações como resultado natural de um encontro – especialmente quando alguém se separa de nós sem esclarecer a razão de sua atitude. Aí temos a oportunidade de superar a ideia, pretensiosa, de que teríamos o direito de compreender a razão de tudo e, portanto, de controlar a situação. Se aprendermos a aceitar que nada é permanente, poderemos aprender a nos separar. Por isso, também é saudável reconhecer que *não há nada de errado na separação.*

Repetir inúmeras vezes as frases *não há nada de errado em morrer* e *não há nada de errado na separação* pode nos ajudar a superar a culpa e a aceitar a realidade. No livro *A Arte de Morrer,* Marie de Hennezel (Vozes) escreve: *"O 'tempo de morrer' tem um valor. Acompanhar esse tempo exige de todos uma aceitação diante do inelutável, do inevitável, que é a morte. Isso implica o reconhecimento de nossos limites humanos. Seja qual for o amor que sintamos por alguém, não podemos impedi-lo de morrer, se esse é o seu destino. Também não podemos evitar um certo sofrimento afetivo e espiritual que faz parte do processo de morrer de cada um. Podemos somente impedir que essa parte de sofrimento seja vivida na solidão e no abandono; podemos envolvê-la de humanidade".*

A mãe de Petra havia se tranquilizado com relação ao seu sentimento de culpa. Agora tinha de se preparar para estar calma, enquanto a filha seria entubada na UTI.

O médico também me havia pedido para falar com Petra que ela seria entubada. Precisava despertar coragem para dizer a ela. Depois de cantar alguns mantras em voz alta ao seu lado, eu disse que ela receberia alguns sedativos. Ela logo entendeu a situação e me perguntou: "Eles vão precisar me entubar?".

"Sim", respondi. Ela me olhou nos olhos e disse: "Tenho medo". Expliquei de maneira direta, mas suave, a realidade: "Com esta máscara apertada no seu rosto, você vai continuar a sentir dor e será difícil estar em paz.

Mas se você dormir poderá entrar em contato com as bênçãos de seus mestres espirituais, Osho e Gangchen Rinpoche. Fixe o seu olhar nos meus olhos. Estou com você".

Petra apertou a minha mão e me olhou fixamente. Comecei a cantar em voz alta o mantra de Lama Gangchen Rinpoche. Enquanto isso, o médico e as enfermeiras preparavam os aparelhos para a entubação. Em poucos segundos, Petra estava inconsciente.

Esta foi a última vez que vi Petra. Ela ficou em coma por um mês, e depois faleceu.

Esse tempo em que Petra esteve em coma serviu como um refúgio no inconsciente, uma preparação para a morte. Marie de Hennezel, no seu livro *A Arte de Morrer*, explica: *"A vida continua presente, mas a pessoa parece que se retirou para os subterrâneos do seu ser. O coma parece ser uma espécie de redução de atividade, uma espera. Talvez uma forma de deixar aos acompanhantes o tempo de prepararem-se, de aceitarem a partida, talvez a expectativa de uma palavra de adeus, de uma autorização para morrer, ou de um derradeiro abraço que permita soltar o próprio corpo e morrer".*

COMENTÁRIO

Rebecca Taylor Dixon

Rebecca Dixon é antropóloga de formação. Há dois anos e meio é voluntária do Zen Hospice em São Francisco, Califórnia (EUA), instituição fundada em 1987 voltada para um amplo programa de voluntariado, administrado por uma equipe de profissionais especializados. Para o Zen Hospice (www.zenhospice.org), qualquer pessoa pode ser preparada para desenvolver sua capacidade de sustentar o sofrimento de quem está morrendo e de acompanhar com compaixão seus últimos momentos.

O caso de Petra me faz lembrar a história do meu amigo Allen. Os dois relatos mostram como o amor é um grande presente para os que estão morrendo. Ao conviver com Allen, aprendi a superar a minha insegurança em amar e aceitar minhas próprias limitações. Só quando eu a ultrapassei é que pude ajudá-lo no que era mais importante para ele: restabelecer o seu vínculo com a sua família.

Conheci Allen durante meu treinamento como voluntária no Hospice Zen de São Francisco. Nosso primeiro encontro aconteceu na calma beleza de uma casa vitoriana, decorada com enfeites de Natal. No primeiro andar da casa foram reservados quatro leitos para pacientes com um diagnóstico de seis meses, ou menos, de vida.

Eu era uma dos mais de 50 voluntários que receberam um treinamento de 40 horas de palestras e exercícios para acompanhar e confortar as pessoas que estavam morrendo. Nesse treino, tivemos de entrar em contato com nossos sentimentos mais profundos sobre a morte, para podermos estar totalmente presentes nos últimos momentos dos pacientes.

Allen foi um dos chamados para nos contar sobre a experiência do *hospice* do ponto de vista daqueles que estavam internados. Ele parecia o Van Gogh da pintura *Autorretrato*, com os ossos da face esticando a pele cheia de sardas de um rosto descarnado. Fui ficando muito impressionada, enquanto ele falava sobre sua luta contra a aids. Com poucas palavras, ele contava sobre todas as perdas que a doença havia trazido, inclusive a de sua companheira de muitos anos e da casa onde moravam.

Como a maior parte dos pacientes de um *hospice*, Allen disse que estava muito ocupado com a vida para pensar na morte. Mas depois ele nos confessou que se sentiu muito desconfortável ao ver um calendário do ano seguinte em uma loja. Admitia interiormente que o calendário provavelmente duraria mais do que ele.

Como todos os voluntários, eu tinha me comprometido a fazer um turno de 5 horas uma vez por semana, tanto na casa-hospedaria onde estavam os quatro leitos como no *hospice* interno do hospital do município, com 28 leitos.

Três turnos de voluntários por dia ajudavam as equipes dos dois prédios a oferecer cuidados médicos, sociais e espirituais aos residentes. Depois de anos estudando o budismo e de já ter iniciado uma prática de meditação, encontrei inspiração em Ram Dass e em Stephen Levine para ampliar minha prática de trabalho com pessoas perto da morte. Essa parecia ser uma rica oportunidade para cultivar compaixão e equanimidade, qualidades-chave para transformar o sofrimento em paz e alegria.

Nessa época, o Projeto do Zen Hospice enfatizava a prática espiritual do voluntário. Encarei meu turno semanal como um retiro de meditação, procurando deixar de lado minhas preferências e aversões. Essa atitude me manteve aberta para tudo o que eu viesse a experimentar ali, desde as dores das doenças até o tédio do trabalho doméstico que preenchia muitas horas na casa-hospedaria, onde passei meu primeiro ano como voluntária.

No meu primeiro mês, comecei a praticar os toques de relaxamento que ajudavam outros voluntários a se conectar com os pacientes. Massageando suavemente seus ombros e mãos, rapidamente fiz amizade com três residentes. Mas ainda era difícil para mim o contato com Allen.

Naquela época ele era o único paciente sem nenhum comprometimento mental causado por sua doença. Era um pouco formal e tímido, exatamente como eu. Um dia, eu levei um brinquedo para outro paciente chamado Martin, que tinha sido afetado mentalmente por causa da aids.

Enquanto eu tentava explicar para Martin como o brinquedo funcionava, Allen, do outro lado da cozinha, levantou sua sobrancelha, surpreso com a minha tentativa. Esse sinal me avisou que o brinquedo era complicado demais para Martin e também criou o primeiro vínculo entre Allen e eu. Vi, pelo caloroso sorriso que ele me deu em seguida, que Allen também já havia tentado entreter, de alguma maneira, o entediado Martin. Depois desse incidente, sempre que podia, procurava criar oportunidades para ficar amiga de Allen.

Eu já era voluntária há quase dois meses, quando Allen aceitou o meu convite para fazer compras. Estava chegando o Natal e ele queria se preparar para visitar, talvez pela última vez, a sua família em Ohio. Seu relacionamento com seus familiares era tenso. Ele tinha esperança de se reconciliar com eles se conseguisse comprar um presente adequado para cada um. No começo, Allen e eu estávamos um pouco tímidos e embaraçados, até que paramos em uma loja de discos e começamos a nos lembrar de algumas músicas antigas. "Estou ficando velho!", disse ele, rindo, ao olhar para uma capa desbotada de um disco que um dia havia sido o seu preferido.

Em outra loja, Allen ficou admirando um cristal pendurado dentro de uma estrela de cobre. Ele comentou que a estrela de cristal poderia melhorar o seu fluxo de energia de cura. Enquanto ele se detinha olhando uma caixinha de música para sua sobrinha, pedi à vendedora que embrulhasse rapidamente a estrela e a escondi em minha bolsa. Ela nos deu um sorriso triste quando saímos.

Depois que Allen e eu voltamos ao *hospice*, passei o resto do meu turno perto do leito de uma paciente que estava muito próxima da morte. Segurava sua mão ou acariciava suavemente sua cabeça e ombros. Antes de ir embora, fui me despedir de Allen. Abracei-o e disse: "Tem uma surpresa em cima da sua cama".

Quando cheguei na semana seguinte, Allen sentou-se na cama e apontou o dedo para mim dizendo: "Sua pestinha! Você comprou aquela estrela!". A partir desse momento, fiquei sabendo que ele me considerava uma amiga, mas eu ainda sentia que gostava mais dele do que ele gostava de mim. Mas fiquei honrada quando Allen me pediu para ler passagens da Bíblia para ele.

Depois da viagem de Natal, ele ficou gravemente doente. Não podia fazer nada além do que me escutar lendo a Bíblia. Percebi, então, o quanto estava ligada a ele. Sofria com a ideia de que não chegaria a aprofundar uma amizade com ele. Contei isso a Harriet Posthuma, a administradora da casa-hospedaria. Ela me confortou, dizendo que Allen, mesmo estando muito fraco para expressar seus sentimentos, com certeza sentia-se muito próximo a mim.

No meu turno seguinte, encontrei Allen inconsciente. Seus familiares já haviam sido avisados de que estava na hora de se despedirem dele.

Harriet pediu que eu cortasse as unhas de Allen. A princípio, essa ideia me assustou, pois tinha medo de me contaminar com o seu sangue, caso o machucasse. Allen dormia. Enquanto eu lixava lentamente suas unhas, vi como uma tarefa tão simples como aquela era capaz de deixar fluir meu amor por ele, independentemente dos seus sentimentos. Pela primeira vez em minha vida, senti meu coração se abrir, sem me preocupar se estava sendo correspondida.

Dois dias depois, ao visitar Allen encontrei seus pais ao seu lado. Eles estavam silenciosos e tensos. Cumprimentei-os e em seguida beijei a testa de Allen. Ele murmurou algo e sorriu, mas não abriu os olhos. Eu disse à sua mãe: "Ele é um homem maravilhoso". Ela e seu pai me abraçaram. Então eu falei a eles: "Tem sido uma experiência muito forte trabalhar aqui, mas a melhor parte foi conhecer Allen".

"Veja", disse sua mãe, "você está fazendo Allen sorrir". Era verdade – ele sorriu abertamente, mantendo os olhos fechados. Fiquei sentada com eles durante uma hora; contamos histórias sobre os bons momentos que havia passado junto a ele. Por causa do sorriso de Allen, tivemos a certeza de que ele estava sentindo aquele momento com amor. No dia seguinte Allen faleceu.

O que aprendi na amizade com Allen não tornou mais leve a dor de sua perda. Sempre me lembrarei dele como alguém que me despertou o verdadeiro amor compassivo – um amor sem apegos, que não espera nada em troca.

A Autocura

Durante os dois anos em que trabalhei neste livro, venho acompanhando o caso de Paula Herman. Diferentemente dos relatos dos pacientes descritos até agora, é ela própria que vai nos contar a sua história. Pedi a ela que escrevesse como uma pessoa que enfrenta uma doença grave, como a dela, gostaria de ser tratada. Sua experiência nos ajuda a reconhecer nossa capacidade de viver bem, mesmo sob ameaça de uma morte prematura.

Para Paula, encarar a possibilidade da morte não é uma atitude passiva. Ela tem se tornado mais forte e inteira ao enfrentar sua fraqueza física. A cada vez que se recupera de uma crise, mostra-se mais aberta para rece-

ber a vida. Ela não desistiu de viver e recusa-se a se tornar uma vítima.

Aceitar a morte não significa abandonar a esperança de continuar vivendo. É saudável tentar evitá-la enquanto nos sentimos ligados à vida. Ao mesmo tempo, também é saudável incluir em nossos projetos de vida a ideia de que certamente vamos morrer.

Agradeço a Paula pela confiança e generosidade com que escreveu seu depoimento, pois por meio dele podemos superar a resistência de falar sobre a morte e aceitar olhar para nossa própria mortalidade como algo real e construtivo. Ela nos dá o que nos falta: esta preciosa naturalidade ao compartilhar sua experiência de maneira tão autêntica e espontânea. Paula é um exemplo de autocura.

Este capítulo relata alguns momentos da minha história de vida e minhas percepções a respeito de um período muito complexo, cheio de mudanças e reviravoltas. Em 1998, recebi o diagnóstico de um tipo bastante raro de câncer. De lá até hoje, passei por muitas experiências significativas, que gostaria de compartilhar com quem vive, neste momento, o mesmo que vivi, ou com quem acompanha de perto uma pessoa que está vivendo situação semelhante. Também escrevo para quem quer se aprofundar sobre esse assunto e quem quer aprender a encarar a morte de uma outra maneira.

Passei por dias difíceis, mas sei que, apesar de todo sofrimento, o saldo é muito positivo. Certamente eu e todos os que estão à minha volta aprendemos muito e nos tornamos pessoas melhores. Por isso, acredito que este depoimento é de profunda relevância para todos aqueles que, de alguma forma, percebem como a realidade do mundo é impermanente e como todos estamos sujeitos a essas mudanças contínuas em todos os momentos da vida.

Tenho necessidade de compartilhar minha experiência e de dizer que sempre há uma luz maior que todo o sofrimento que vivemos. E que esta luz habita dentro de todos nós.

Quando nasci, meus pais me deram o nome de Maria Paula, como queria minha irmã. Sou a terceira filha de uma família de quatro irmãos e desde muito cedo aprendi a sobreviver em meio a confusões, brigas, amores e divisões. Tive uma infância conturbada, mas feliz. Na adolescência, completei os estudos de dança e me formei como bailarina. Mais tarde, tornei-me psicóloga e psicodramatista.

Passei boa parte da minha vida dançando. Mas também cuidava, como psicóloga, das pessoas que estavam sofrendo. Essas duas atividades sempre me motivaram a trazer para o mundo um pouco mais de diversão, bem-estar e felicidade. Percebo que me dá um grande prazer ver os outros felizes. Mas hoje também vejo que não fiz isso com equilíbrio – muitas vezes, eu me anulei em troca da tranquilidade e felicidade do outro.

Sou casada há nove anos. Tenho uma linda menina de quatro anos que sempre me motivou a acordar de manhã, respirar fundo e encarar todas as dificuldades com a alegria e honestidade de uma criança. Apesar das dificuldades que a vida me trouxe – e passei por muitas ao lado da minha família – sou uma pessoa feliz. Sou grata por viver cada dia que passa e por poder trilhar o caminho da luz. Também descobri, por meio do budismo, a buscar essa luz que está dentro de mim. E a dedicar essa procura em benefício de todos os seres, como é costume nas tradições budistas.

Comecei a minha batalha, ao lado de médicos e especialistas, em setembro de 1998. Sentia dores nas costas e não conseguia sarar de uma forte gripe. Minha filha tinha completado um ano em julho e ainda era um bebê. Tinha a sensação de que algo muito errado ocorria comigo, mas ainda não sabia exatamente o quê. Era uma mistura de cansaço, desânimo e depressão. Continuei procurando um diagnóstico preciso em cada consulta, em cada novo médico que conhecia. Vários equívocos médicos aconteceram até eu encontrar um grande especialista que, finalmente, acertou o diagnóstico.

Foi um choque tremendo receber a notícia de que tinha um tumor abdominal, que se havia espalhado pelo fígado e pulmões. Eu mal entendia o significado daquilo que, naquele momento, passou a ser a minha sentença de morte. Da noite para o dia, deixei de ser aquela jovem "imortal", saudável e cheia de energia para ajudar a todos. Naquele momento, era eu quem precisava de ajuda, desesperadamente. Mas não sabia como pedir e nem a quem recorrer.

Um vazio desconhecido se abriu diante de mim. Eu tinha de reaprender tudo: o que era mesmo a vida? Qual o seu sentido? Todas as imagens que eu via, todas as palavras que escutava pareciam ser as últimas. Nada mais parecia permanente, todas as minhas certezas estavam prestes a ruir. Experimentava uma enorme sensação de solidão e um sentimento de finitude com relação a tudo o que estava acostumada até então.

No budismo se diz que, quando estamos conscientes da nossa mortalidade, fica muito mais fácil compreender nossa condição natural, que é a da impermanência. Mas sempre nos esquecemos de que na vida tudo está sempre mudando e de que nada permanece igual. Essa é a realidade de todos os seres humanos, não só de quem está doente. Infelizmente, às vezes, é preciso sofrer algum problema de saúde, ou estar perto de quem está doente, para se começar a pensar sobre isso. Naquele momento, perdi a esperança e acreditei que talvez não fosse sobreviver à doença. Aceitei passivamente, sem querer lutar por nada.

Nas primeiras consultas com meu oncologista, percebi a gravidade e urgência do caso, mas também senti um grande alívio ao saber que nem tudo estava perdido. Apesar das dificuldades, existia tratamento e eu me apeguei a essa pequena possibilidade com toda a minha força. Comecei a me conectar com essa luz que se apresentava e a me identificar com ela. Pensava comigo mesma: "Tenho mais órgãos saudáveis do que doentes e eles certamente vão me ajudar a recuperar os outros... Há mais luz do que escuridão dentro de mim...". Eu não estava somente identificada com a doença, mas com a possibilidade da vida que ainda existia no meu corpo.

O início do tratamento foi confuso, pois tive que me adaptar à rotina de um hospital, uma realidade desconhecida por mim. Meu mundo passou a incluir médicos, enfermeiras, exames periódicos, protocolos, tubos e cateteres. Passei a compreender detalhes do tratamento, palavras do jargão médico, funções biológicas. Todo um novo código tinha de ser decifrado por mim.

Este é um momento em que o desconhecido toma conta da sua vida. Eu me sentia à mercê dos médicos, sem ter nenhuma condição de opinar. Não tinha forças para me colocar como o sujeito da questão. Aprendia a desenvolver meu papel de "paciente" – ficava pacientemente observando tudo, esperando por tudo. Aos poucos, começava a compreender esse novo universo.

Cada pequena conquista no tratamento era festejada com muita alegria por mim, minha família e amigos. Formamos uma corrente de ajuda e pensamento positivo. Minha mãe jamais saiu do meu lado – costumo dizer que ela me deu a luz novamente, trazendo-me de volta à vida. Ela sempre mostrou força, confiança e presença em tempo integral. Meus pais largaram tudo para cuidar de mim, apostando na minha força interna e na força da vida. Sou eternamente grata a eles. Meus irmãos também mostraram total disponibilidade para ajudar naquilo que fosse necessário. Pude contar também com o constante apoio de minha sogra, por estar sempre disponível para minha filha.

Nesses momentos de fragilidade é essencial sentirmos que existe amor, compaixão, companheirismo, troca e generosidade. Somente quando adoeci é que senti como eu era importante na vida daquelas pessoas. Os paradigmas começaram a mudar e eu sabia que havia ainda muito para aprender.

Bel também me acompanhou, como terapeuta, desde o início da doença. Foi a primeira pessoa que me recebeu sem se assustar com meu estado de saúde e meu diagnóstico. Quando a vi pela primeira vez, senti um grande alívio. Diante de mim estava uma pessoa completamente sem preconceitos sobre a doença e o processo de morrer. Ela me aceitou de imediato e me deu muito apoio e compaixão.

Nosso segundo encontro ocorreu na minha casa, pois eu me sentia muito fraca para sair. Ela não hesitou em fazer um atendimento domiciliar. Trabalhamos com massagens e com a terapia AuraSoma, que usa óleos energizantes. Naquele dia, estabeleceu-se um vínculo de confiança e disponibilidade. Percebi, então, que a proximidade da relação seria uma qualidade constante em nosso trabalho.

As sessões de quimioterapia foram se intensificando. Com o tratamento veio a perda de cabelo, de peso, o mal-estar, febres e frequentes internações. A doença estava marcando meu corpo que, até então, tinha sido extremamente vigoroso. A crescente fragilidade foi um tapa na minha vaidade, no meu ego. Senti muito medo, vergonha de mim. E preconceito. As pessoas viam o câncer como uma doença característica de pessoas autodestrutivas, fracas, de baixa autoestima.

Minha identidade sempre foi alicerçada na força e a doença não combinava, em absoluto, com a imagem que eu tinha de mim mesma. Tive de construir de novo minha identidade, aceitar-me diferente do que era e, aos poucos, reorganizar-me nesse novo eu – uma pessoa comum que necessitada de cuidados, mas que também tinha muita vida pulsando dentro de si. Foi uma fase especial de reavaliação total dos caminhos que teria de seguir.

Durante as internações de quimioterapia, recebia a visita de parentes e de alguns amigos. Uma amiga muito especial, Cláudia, foi uma dessas presenças constantes e significativas que me ajudaram a sair dessa fase difícil. Ela me visitava praticamente todos os dias e começou a trazer objetos lúdicos e artísticos para me distrair. Enfeitou o meu quarto no hospital com papel *craft* e todos os que passavam por lá eram convidados a escrever uma mensagem para mim. O tempo todo ela me encorajou – ao mesmo tempo que me dava colo, quando precisava.

Psicóloga, psicodramatista e atriz, Cláudia é uma amiga muito especial. Nessa época, ela resolveu começar a fazer terapia de *clown* nas suas visitas e usar o humor como uma maneira de atenuar a depressão dos pacientes. Em parceria com o meu cunhado Maurício, que também é psicólogo e também muito querido, formou uma dupla chamada de "terapeutas do riso".

Foi um trabalho maravilhoso que eles desenvolveram comigo, com as enfermeiras e depois, a pedidos, com os outros pacientes do andar. Mesmo depois de eu voltar para casa, eles continuaram a trabalhar como voluntários no hospital. Tiveram respostas muito positivas dos pacientes de todas as idades, mas não puderam continuar o trabalho, pois não havia ninguém disponível para supervisioná-los em sua atividade. Com isso, os pacientes perderam o único momento leve e criativo da sua rotina estressante.

Os hospitais geralmente não consideram que os pacientes precisam muito de uma área em que possam usar um pouco sua criatividade, se divertir, conversar, meditar, orar. Pacientes continuam a ser seres humanos normais. Seria muito importante para a sua recuperação preservar esses momentos de luz, de alegria, de espontaneidade. E não sei por que não existem esses espaços dentro dos hospitais – por que será que o homem nunca pode ser visto como um ser completo?

Sou extremamente agradecida à equipe hospitalar, e sei que os hospitais salvam vidas e fazem de tudo para o bem-estar do paciente. Mas longas internações são enlouquecedoras. Muito trabalho técnico e, infelizmente, nenhum apoio psicológico ou espiritual. Acredito também que o pessoal de enfermagem apresenta uma carência de apoio psicológico e espiritual para lidar com pacientes graves. É preciso cuidar dos enfermeiros para que eles possam cuidar bem de todos.

Outro ponto fundamental no processo de recuperação do paciente é existir um vínculo positivo entre paciente e médico. Eu tenho a sorte de ter um médico muito disponível que me atende a qualquer hora do dia, da noite e até de madrugada. Nas internações, passava duas vezes por dia no hospital e está sempre quebrando a cabeça para achar uma saída para as diferentes e difíceis situações. Mesmo nos períodos em que eu pensei em desistir, ele me animou, dizendo que eu podia, que eu aguentava certo tipo de tratamento. Nos exames mais complicados ele me acompanhou, esteve comigo para me passar segurança. Nossa relação é boa, transparente, alicerçada na confiança mútua, no respeito e na proximidade.

Depois de sete meses, o tratamento começou a funcionar. Fui submetida a uma cirurgia abdominal de grande porte para retirada do tumor e de nódulos. Uma equipe grande encabeçada por um excelente e corajoso cirurgião tomou a frente do trabalho. Foi uma empreitada com direito a UTI, unidade semi-intensiva e muito tempo de molho para me recuperar.

À medida que o tratamento foi avançando, adquiri mais confiança nas minhas próprias percepções e passei a opinar com mais segurança no caminho a ser seguido. Esse estado só é possível quando estamos mais maduros a respeito da doença e de seu tratamento. Creio também que, quando o paciente participa ativamente do processo, ele se torna responsável por sua recuperação, e essa responsabilidade é o que o retira da posição de vítima. Assim, ele se torna o sujeito, o agente da sua própria cura. É importante também que a equipe médica possa considerá-lo como um ser humano total e não apenas aquele que tem a doença. Isso ajuda o paciente a sentir--se ouvido e considerado, como um ser humano normal.

Voltando à minha história, passei um ano sem doença aparente, fazendo apenas *check-ups* rotineiros. Voltei à minha vida de trabalho e praticamente não mudei muito minha rotina e meu esquema de vida anterior.

Porém, em julho de 2000, recebi a notícia de que a doença voltara. Mais uma vez vi meu mundo ruir. Cirurgia, exames difíceis, quimioterapia, internações – aquela rotina desagradável repetia-se e eu tinha menos esperança do tratamento dar certo. Novamente veio o medo, a dúvida, a iminência da perda de todos os meus entes queridos. O medo da morte veio mais forte do que nunca.

Minha relação com meu marido ficou muito balançada e ambos tínhamos medo de nos aproximar demais, por conta de uma possível separação. Nosso casamento atravessou fases dificílimas e chegamos a pensar no rumo que a vida poderia tomar, caso eu não estivesse viva. Apesar de todas as adversidades, ele não saiu do meu lado e foi extremamente presente no que era possível. Hoje nossa parceria é muito profunda e gratificadora. Conquistamos afeto, amor e intimidade.

Nessa época, fazia sessões de psicoterapia, desenvolvia um trabalho com a Bel e comecei um tratamento psiquiátrico com medicação. Ainda me foi indicado uma pessoa que fazia Cura Prânica e iniciei um trabalho energético com esse curador. Mudei meus hábitos alimentares, me tornei vegetariana, comecei a meditar, ler e buscar um caminho espiritual que até então não estava totalmente definido e assumido. Senti que a melhor forma de encarar tantas frustrações e a possibilidade da morte era por meio de um caminho de desenvolvimento e compreensão espiritual.

No final de 2000, meu estado piorou e tentei um tratamento muito agressivo, no qual corri risco de vida. Fiquei internada por volta de um mês no hospital e tive sintomas terríveis de cruzamento de medicação. Nesse período, passei por experiências pouco usuais, inclusive a de sair do meu corpo. Costumo dizer que morri e nasci de novo várias vezes. Acredito que alguns aspectos meus realmente se foram e novos caminhos começaram a se abrir.

Eu já havia tido contato com o budismo por meio da Bel e do Lama Michel Rinpoche, mas ainda era uma semente que não havia tido espaço interno para se desenvolver. Em janeiro de 2001, conheci Lama Gangchen Rinpoche, um lama curador, e a partir daí tudo realmente começou a se transformar.

No período em que Lama Gangchen esteve em São Paulo, passei a semana toda absorvida por seus ensinamentos e práticas. Essa iniciação foi um grande presente que ganhei nesta vida. Ter a oportunidade de encontrar um mestre espiritual é, provavelmente, o maior mérito que recebemos. Lama Gangchen mostrou-me, por meio das suas ações, o que é pureza, amor, luz, compaixão, generosidade e dedicação.

A partir desse encontro, passei a estudar e praticar o budismo tibetano com muita alegria, pois descobri um caminho de paz e luz. Sinto certa tranquilidade em saber que, no budismo, a morte é encarada de uma forma natural e como parte da vida. Isso me torna ainda mais humana. É muito bom poder falar da morte e ser escutada. Tenho desenvolvido práticas espirituais e reconhecido a importância de aprender a viver e a morrer bem.

Eu me reconectei com meus próprios sentimentos e responsabilidade e refleti muito sobre a vida.

Apesar de existir um lado calmo que aceita a morte, quando nos defrontamos com ela, cara a cara, percebemos o quanto temos medo. Por mais que eu leia, dialogue, pense, sinta e elabore, saber que ela pode estar muito próxima é assustador. Penso muito em como me sairei diante da finalização dessa etapa da vida e em como entrar para uma outra fase, que para mim é absolutamente desconhecida. A partir disso, foi despertada uma grande necessidade e emergência em usar meu precioso tempo de vida para realizar as coisas que eu realmente julgo fundamentais e importantes.

Ao compreender que estamos todos interligados e que dependemos uns dos outros, passei a ter um novo olhar sobre meus próprios pensamentos, sentimentos e minhas ações no mundo. O meu nível de responsabilidade aumentou consideravelmente. Hoje tenho como motivação primordial o desejo de que todos os seres possam ser felizes.

O sofrimento muitas vezes nos faz crescer, dar grandes saltos qualitativos. Podemos viver situações difíceis sem ver desabar toda nossa existência. Para mim, é essencial acreditar, ter fé que temos uma base sólida e que, por mais que a vida seja complexa e nos traga sofrimento, nossa base jamais se destrói. Ela continua sábia na sua natureza iluminada e temos de escutá-la para poder sair das crises.

No processo de modernização nós nos esquecemos de que a morte é a única certeza que temos na vida. Tudo é impermanente. Porém, existe o apego que nos segura e nos faz grudar nas coisas da vida. É por causa dele que tenho pavor de me imaginar deixando a minha filha, me separando dela. Investimos um grande montante de energia nos vínculos afetivos e é complicado nos imaginar sem a presença dessas pessoas queridas, desses objetos a que nos afeiçoamos e até mesmo de nossa própria identidade construída.

Hoje vivo uma incerteza relacionada ao meu tratamento e ao rumo que essa história vai tomar. Tenho problemas físicos novamente. Porém, é assim que a vida se apresenta para nós – como um grande mistério. Neste momento compartilho com vocês um período muito íntimo e particular da minha vida. Escolhi dividi-lo porque sei que estas questões, doença e morte, fazem parte da vida. De todos nós.

Agradeço do fundo do meu coração a todas as pessoas que estiveram ao meu lado, cuidando, assistindo, participando, rezando, rindo, chorando, enfim vivendo comigo este processo. Sinto que pudemos formar uma rede de ajuda e compaixão, e isso só comprova como o ser humano é bom, compassivo, amoroso e generoso. Essa é a nossa natureza e isso é que é o essencial da vida.

Dedico este capítulo à Bel, ao Li, à Suely, à Liane, ao Maurício, à Milene, à Luiza minha filha, ao Roberto meu marido, à nossa família e a todos os que buscam compreensão em momentos de dor. Ofereço toda positividade acumulada por meio deste texto à longa vida de Lama Gangchen Rinpoche e à longa vida de Lama Michel Rinpoche.

Paula Herman
São Paulo, 15 de julho de 2001

O Tao do Morrer

Para aquele que oferece cuidados,
a dor representa uma oportunidade,
a oportunidade de testemunhar o alívio da dor.

Para aquele que oferece cuidados,
a ansiedade representa uma oportunidade,
a oportunidade de testemunhar o despertar da calma.

Para aquele que oferece cuidados,
a raiva representa uma oportunidade,
a oportunidade de testemunhar a conquista da paz.
Para aquele que oferece cuidados,
a morte representa uma oportunidade,
a oportunidade de testemunhar a descoberta da vida.
Aquele que oferece cuidados nada pede.
Ainda assim, recebe muitas oportunidades.

The Tao of Dying
Doug Smith (Caring Publishing, Washington, USA)

SOBRE A AUTORA

Bel Cesar é psicóloga clínica com formação em Musicoterapia no Instituto Orff em Salzburgo, Áustria. Pratica a psicoterapia sob a perspectiva do budismo tibetano. Desde 1991, dedica-se ao acompanhamento daqueles que enfrentam a morte. Em 1987, organizou a primeira visita de Lama Gangchen Rinpoche ao Brasil. Presidiu o Centro de Dharma da Paz Shi De Choe Tsog, em São Paulo, por 16 anos, tendo, em 2004, tornado-se presidente honorária. Em 1996, elaborou o livro *Oráculo I Lung Ten*, editado pela Editora Gaia em 2003. Em 2001, escreveu *Viagem Interior ao Tibete* e, em 2004, *O Livro das Emoções*, também publicados pela Editora Gaia.

Desde 2002, colabora com o *site www.somostodosum.com* na sessão Morte e Luz. Neste mesmo ano, ao unir a Psicologia do budismo tibetano à Permacultura, em parceria com Peter Webb, passou a desenvolver atividades de Ecopsicologia no Sítio Vida de Clara Luz, em Itapevi, São Paulo.

Correspondência para a autora:
Sede Vida de Clara Luz – Tel.: (011) 3872-6858
Rua Aimberê, 2008 – Perdizes
CEP 01258-020 – São Paulo – SP
E-mail: belcesar108@gmail.com

Viagem Interior ao Tibete

Acompanhando os Mestres do budismo tibetano
Lama Gangchen Rinpoche e Lama Michel Rinpoche

Viagem Interior ao Tibete narra uma viagem de 25 dias que se inicia em São Paulo rumo ao Tibete, passando por Katmandu, Lhasa, Shigatse e Gangchen.

Bel Cesar viajou com um grupo acompanhando seu filho, Lama Michel Rinpoche, e seu mestre, Lama Gangchen Rinpoche, narrou na forma de um diário sua estadia no Tibete, a inauguração do Monastério de Lama Gangchen Rinpoche e o dia a dia visitando as inúmeras relíquias de conhecimento espiritual que o Tibete e o Budismo oferecem.

Oráculo I – Lung Ten

108 predições de Lama Gangchen Rinpoche
e outros mestres do budismo tibetano

O *Oráculo I – Lung Ten* reúne frases que a psicóloga Bel Cesar, ao longo dos anos, foi anotando em cadernos de viagens, folhas soltas ou mesmo que permaneceram gravadas em sua memória durante seus encontros com Lama Gangchen Rinpoche e alguns grandes mestres do budismo tibetano: S. S. o Dalai Lama, Lama Zopa Rinpoche, Gueshe Sopa, Gueshe Lobsang Tempa e outros.

Segundo Bel Cesar, a intenção em dispor as frases página após página é exatamente para que elas sejam usadas como um sistema de adivinhação; daí o nome oráculo: "Sempre procuramos soluções para nossos problemas; este oráculo será o primeiro de uma série e nos ajudará a encontrar soluções apropriadas para despertar nosso autodesenvolvimento", diz seu mestre Lama Gangchen.

Câncer

Quando a vida pede um novo ajuste

Após enfrentar um câncer na tireoide, Bel Cesar desafia os dogmas da medicina tradicional ao seguir diferentes técnicas medicinais. A autora retrata o instante do diagnóstico até o tratamento com a iodoterapia, passando pela cirurgia de remoção da glândula e pela adaptação ao medicamento.

O que chama a atenção, porém, é a forma como ela focou no seu universo espiritual e emocional. Bel cuida do corpo, da psique e do espírito com a mesma dedicação. Em vez de se revoltar, assume com simplicidade a postura de aprendiz diante da doença.

Praticante da psicoterapia sob o ângulo do budismo tibetano, Bel quebra vários mitos construídos em torno do câncer e, através deste livro, contribui para levar alento a todos que vivenciam enfermidades graves e, também, aos que procuram superar suas fragilidades.